U0000905

時報出版

神準天王 方天龍的乒乓戰術

找出精準買賣點，讓你判讀零失誤，多空兩頭輕鬆賺

方天龍 著

目錄 CONTENTS

看盤要「且戰且走」，學習要「邊做邊學」！

身為一個百戰沙場的鬥士，我一年 365 天都沒有離開過股市，不是在有盤可看的時間裡用心交易，就是在休市的日子裡用功研究。

曾立志寫滿 100 本書後封筆，如今已完成 90 餘本著作，但越接近尾聲，想寫出讓自己覺得完美無瑕、無懈可擊的經典之作，越難如願。雖然屬於財經類的書只有三十餘本（其他都是以別的筆名所寫的傳記、勵志暢銷書），但似乎重要的主題都被我寫光了。從新手買股的基礎知識，到操作過程的選股方法、買賣時機、避險策略、當沖秘訣、理財問題、籌碼細節、波段飆股、K 線判讀、店頭市場、定時定額基金、放空絕學、技術分析、主力思維、融資融券、大陸基金、漲停板研究………乃至我在大學裡任教的權證課程，各種類型的主題，我幾乎都全力以赴、無役不與。

苦思如何以最新的題材內容創作時，正好趕上 2020 年的疫情風暴。從舊曆年過後的「開紅盤日」（1 月 30 日）起，走了 11 年大多頭的台股，晴天霹靂，當天暴跌近 700 點，然後「行情」就和「疫情」一樣「無解」，天天跌跌不休，直到政府宣布國安基金進場（3 月 20 日），已慘跌了 3,674點，哀鴻遍野！

我為「因書結緣」的粉絲所建立的免費群組【天龍特攻隊】，由於人太多，只好分成兩個群。我們一向以嚴格審核的高水準成員標榜，群組一

向也非常穩定。可是近期卻有幾位自行退出群組。對於表現不佳、禮貌欠周的壞咖，我正好「不傷和氣」地將他「自然淘汰」，不再邀請入群。但是，對於好咖，我都會關心一下退出群組的原因。結果這些退出者多半告訴我，他被股市修理得七暈八素，只好回到原有的上班職場，暫時不敢再碰股市這一塊。其中有一位更因為放空操作不當，被厲害的多頭主力軋到漲停板，還補不回來。不但賠了價差，還賠了借券費，隔天還被券商以漲停板價格回補。這一慘賠，就是她一年的上班薪水！這是多麼令人著急、難過的訊息啊！

這位股市出意外的粉絲，為了省錢，從不肯參加我一年只有兩次的「方天龍講座」（佛心價收費，大家都說 CP 值超高），既然不願「投資自己」的時間上課，相信對股市操作的理解非常有限。不料竟然賠了比參加上課多 100 倍的金錢！這恐怕是她作夢都沒想到的事。我想，以她過去看過的少數一兩本拙著，就想應付瞬息萬變、主力手法不斷翻新的現代股市，真是把股市獲利看得太簡單了。

有些人是完全不懂放空，在空頭來臨的時候只能挨打。

有些人是知道放空，也一樣挨打。

現在的主力跟新型病毒一樣詭譎多變，忽多忽空，讓你無所適從、頻頻被雙巴。

所以，學會臨場判讀、多空雙做，便很重要了。所謂「兵來將擋，水來土掩」，攻城之計當然是有的，只看你會不會。

於是，我想起幾年前就熱中研究的「多空雙做」操作方法，正好在這時可以推陳出新、隆重上市。當時，我就已經訂名為「方天龍的乒乓戰法」，可是，當年還不十分成熟，如今應該「因緣俱足」了！

家父是一位歷史教授，業餘是桌球教練。他所指導的合作金庫球隊，參賽都是拿冠軍的。因而我從小就耳濡目染，也喜歡打乒乓球。當時由於年輕貪玩，不喜歡父親特別強調的「基本功」訓練法，只純以「娛樂」態度學習。直到參賽技不如人，我才發現光憑父親私下傳授的幾招犀利開球法，實在還真的無法應付各種對手、也無法應對多變的球局！

我第一次在股市玩乒乓戰法，是 2013 年 7 月 19 日，一位資深股友盤前和我談到各自關注的股票。沒想到我們分別提到的不同一檔個股，雙雙收漲停了！不過，他說的是放空，我說的是做多！當時，基於對好友的信任，我試著放空一張，結果就被套住漲停板了，這檔股票叫做「地球」（1324）。

後來我連續三天用我的一連串「解套」方法，把這張空單的「綑仙索」解開了，還像老美對付偷襲珍珠港的小日本給予重擊一般地加倍補回損失了。在本書的篇幅中，會再詳述許多其他的成功操作方法。近幾年來，我對於多空雙做的體驗更進步了，我有許多更新、更進步的案例，可以和粉絲們分享。我自己甚至發明了「半日沖」。有時是開盤不久，就「先賣後買」，到預期的賣壓竭盡了、有做多的大戶進場了，立刻反空為多，順勢操作。有時則是「先買後賣」，再改用「先賣後買」做當沖。既然主力會根據散戶心理「逆向操作」，我們也得揣摩主力的心思和心態順勢操作，

才能逢凶化吉、遇難呈祥！

半日沖的操作，有點像乒乓球的乒過來、乓過去，全憑平日的「基本功」練得好，臨場自然得心應手。拳擊手平日也要從「打型」練起，比賽過程並沒有固定招式，所謂「我是用降龍 18 掌把對手制伏的」純屬胡謅。

很多「價值投資論者」喜歡預測 1-10 年的行情，結果都以槓龜告終。雖然太遠的未來很難預測，但是短期的股市變化，卻可以完全掌握，所以我都要求粉絲們「且戰且走」、不預設立場。正如開車，只要眼力所及，看得到的，就很安全，也看得準。那麼又何必去猜十公里外的行情呢？此外，我非常重視實戰經驗，所謂「不教而戰，是謂棄之」，建議您「學習」之餘，更要「練習」，也就是「邊做邊學」，久而久之，就能獨立作戰。

天上，是不會掉下餡餅的。凡事只有靠自己。但是，小成功靠自己，大成功靠團體。新手操作股票，完全不接觸人群，是不容易摸到門路的。在學習的過程中，您有什麼難處，都可以寫信給我，或和我在臉書私訊上溝通。歡迎您加入我免費的「建檔讀者」行列，也歡迎您參加我免費的「天龍特攻隊」群組，和我們團隊眾多的高手們交流。

方天龍

方天龍的新讀者專用信箱：kissbook@sina.com
方天龍的臉書：https://www.facebook.com/profile.php?id=100010871283091

第**1**部曲

上班族如何存活在
日益短線的市場

操作股票，一定要有良好的投資邏輯，才會有勝算。這就是策略。

舉一個大家所熟知的故事「田忌賽馬」來說明，便能了解什麼叫做策略。

孫臏是戰國時期的軍事家，他和齊國的將軍田忌是好友。田忌經常和齊威王賽馬，可是卻屢戰屢敗。原來馬分三等，比賽時，他以上馬對上馬，中馬對中馬，下馬對下馬，可是由於他每一個等級的馬都不比齊威王的馬強，所以怎麼比也贏不了。

孫臏知道了，於是給田忌一個建議：「再和齊威王比一次吧，我有辦法讓你得勝。」

臨場賽馬那天，田忌和齊威王雙方都下了千金賭注。一聲鑼鼓，比賽開始了。孫臏先以下馬對齊威王的上馬，再以上馬對他的中馬，最後以中馬對他的下馬。比賽結果，一敗二勝，田忌贏了。

📈 台股的特性

聽完了「田忌賽馬」的故事，有些人會說，孫臏用上等的馬去和齊威王中等的馬比，當然會贏；用中等的馬去和和齊威王低等的馬比，也當然會贏啊，「這我也知道！可是用低等的馬去和齊威王上等的馬比，不就輸了嗎？」

其實這就是股市中「小賠大勝」的道理，在遊戲規則上，「一敗二勝」就是贏家。高手能從這樣的規則中求勝，表示如此的策略是可行的。很多人自己想不出良好的投資策略，卻總是在別人說出之後表示不以為然。這是筆者在股市教學中常常遇到的迷思。在戰爭中，戰略永遠比戰術重要。

股市也是如此，能觀察出股市的特點，才能訴諸戰略的運用，正如田忌如果分不清楚何者為上馬，何者為中馬，何者為下馬，也無法貫徹他的策略。

　　操作台股的原理，也和「田忌賽馬」的故事一樣，要有策略。正如賽馬需要知道馬的特性，我們對台股的特性自然不可不知。田忌賽馬，是利用馬的特性，把我方的實力置於優勢的地位，造成小敗大勝，贏了齊威王；而我們對於股票，也要了解自己的個性，選擇適合自己擅長且有利的操作方法，才能小賠大賺，成為股市的贏家！

　　台股目前的金融商品種類相當多，我們究竟應該選擇適合哪一種投資工具呢？該直接把錢交給投信，讓他們幫你操作？還是根據投信的公開資料，間接跟進跟出？或者以每個月有限的薪水結餘，定時定額投資基金？還是買 ETF ？或者模仿那些「存股」達人，長期耐心等待、慢慢累積股票的張數，以驗證「戲棚下站久了，就是你的」的諺語？

　　但是，當你發現，買基金也會賠錢、定時定額的投資太「緩不濟急」、目前年齡已來不及長期存錢以供養自己時，是否考慮乾脆自力救濟，好好學習一技之長，利用股票、期貨、選擇權等等工具，作為掌握自身命運的提款機？所謂「戰爭要用最厲害的武器」，當你缺錢孔急時，就應該想到德國股神科斯托蘭尼說的：「有錢的人可以投機；錢少的人不可以投機；沒錢的人必須投機。」

德國股神這句話，我們可以把它列出表格，然後做如下的詮釋：

表 1-1　財富屬性與經典結果

財富屬性	股神指點	經典範例	結果探討
有錢的人	可以投機	大戶把某一檔個股拉漲停，用「隔日沖」方式，在次日賣出。	萬一被大盤拖累失敗，資金還很多。
錢少的人	不可以投機	不顧慮失敗的風險，一直在亂玩「當沖」。資金就越來越少。	最後可能賠光了資金，信心大喪失。
沒錢的人	必須投機	玩「權證」以小搏大，優點是沒有期貨「超額損失」的問題。	反正本來就是窮光蛋，感覺無差別。

錢少的人和沒錢的人，心理因素不一樣

「錢少的人」和「沒錢的人」意思是不一樣的。筆者常常看到手上資金只有 10~20 萬元的人，他們絕對都是玩「融資」的，等於資金膨脹到 2.5 倍。這樣一來，資金相當於有了 25~50 萬了，但他卻從來就捨不得花一點點小錢投資自己的腦袋，買幾本書、上幾堂課，好好研究一下股票。只因懂了股票的玩法，就自以為是地在那兒衝來衝去（玩當沖就是沖來沖去）。由於不學習，問題就出在無法理解我常強調的「投資比例要低」的原則，他隨時投入股票的金額都是滿檔的。他捨不得花一點點小錢學習，一心想著「我要充分利用每一分錢去賺錢，怎麼可以額外花錢？」——結果卻因腦袋空空，最後是口袋空空。

這樣的輸家，是屢見不鮮的。根據筆者的教學經驗，很多高手倒是極樂意花錢來上我的課（參加過方天龍講座的人都知道，我的收費一向是佛心價，甚至只有投顧老師的十分之一）。贏家和輸家投資理念的距離，真

的差了十萬八千里！

　　那些「錢少的人」投資股票時，都是不講究「資金控管」的。他的資金一向是卡得死死的，一旦賠錢，都是很快到底的。完全沒有翻身機會！這種事我看得太多了！如此的輸家，「錢少」比「沒錢」更慘！因為他會從此信心淪喪，不再有鬥志。被抬出市場之後，再也不敢碰股票！

　　「沒錢的人」比較不會幻想一步登天，也不敢沖來沖去做任何冒險，因而就不會賠那麼多。然而，這時德國股神反而勸沒錢的人放手一搏，來一點投機的！這意思就好像「光腳的不怕穿鞋的」。已經一無所有的人和擁有很多的人相鬥，當然是一無所有人勝，因為他已經沒有什麼可以失去了，誰怕誰？這就是「置之死地而後生」的精義。「錢少的人」總覺得自己還「擁有一些什麼」，所以很怕「失去」；而「沒錢的人」卻認為反正本來就是窮光蛋，感覺無差別。

　　舉例來說，筆者有一位粉絲，他手上只有兩萬元，對於在股市提款的慾望並不高，因為缺乏資金，根本不相信自己可以賺到錢。所以從來不打這個主意。何況自己還年輕，又住在家中，生活暫時還有父母罩他。——這就是一個典型的「沒錢的人」。於是，我建議他，如果想要翻身，何妨「以小搏大」，投機一下。我的提案是交易「權證」（不鼓勵他玩期貨，因為萬一碰到意外，很可能有超額損失的風險），一張權證不過千把元，這對於新手的他來說，已經是一種投機了。於是，我堅持要求他必須依照我說的「投資比例要低」，最多只能用有一半以內的資金去交易權證。果然，經過一番學習和磨練，幾年下來，他也有幾十萬元的本錢了。

週轉率高的台股，短線交易頻繁

除此之外，當你確定投資方向之後，接下來還要思考的是：我們適合哪一種操作方式？短沖、當沖、隔日沖？當然，首先要界定自己的條件和能力。我們是上班族呢？還是專業投資人？不能盯盤嗎？還是有較多的時間看盤？在我們的個性或勝算上，適合做波段呢？還是中長線操作？這些都要成為考量的重點。

接著說到台股的特性。台灣股市一向屬於淺碟型的市場，意指台灣的市場整體就像一個很淺的碟子，上面裝滿了水。只要這個碟子碰上風吹草動的事件，都很容易讓裡面的水溢出來！簡單地說，就是規模小、週轉率高、風險性高（指波動的程度）。

早年，上市公司家數少，市場總值也不大，數十年來，經歷過多次大崩盤，台股的體質變得更凝鍊成熟。如今官方已懂得朝各種制度的建立，作最好的調整，企圖和國際接軌。例如漲跌幅限制、擴大法人交易比例、調整信用交易制度、建立股票期貨市場、兩稅合一、建立國安基金與庫藏股機制、實施週休二日制、大幅開放槓桿型和反向型 ETF 上市，以及其他政經措施等方向努力。上市櫃公司的家數已逐漸增加，可是如今依然沒有改變「週轉率高」（又叫換手率高）的風格。

隨著「法人時代」的來臨，台股的走勢在外資進駐之後，已經有了幡然的改變了。但為什麼如今不僅「週轉率高」的風格沒有改變，反而「短線盛行」呢？

主要緣於「當日沖銷證券交易稅減半」的新制。官方為了活絡證券市場，增加其流動性，提升臺股量能，就實施了這樣的課徵措施。原定自

106 年 4 月 28 日起施行 1 年，107 年 4 月 27 日修正再延長至 110 年 12 月 31 日，稅率由千分之 3 調降為千分之 1.5，並將適用範圍由證券商受託買賣擴大至證券商自行買賣的現股當沖交易也可適用。

君不見，現在的主力大戶每天都在股市殺進殺出，獲利無窮？有時做當沖，有時做隔日沖、三日沖、四日沖，筆者的觀察發現「半日沖」的多空雙做的可能性也增高了（這一點容後詳解）。這樣一來，波段操作、中長期的操作變困難了。散戶好不容易選中一檔基本面的營收好、技術面的線型也好的股票，可是怎麼一介入，打算做一個波段，不久卻發現因為上班忙，沒有在股價拉高時出貨，立刻被主力大戶倒貨了呢？即使不套牢，眼見股價「抱上又抱下」，也很令人望之興嘆啊！

如何證明台股的周轉率過高呢？不妨隨機做個調查。我們就以筆者寫作本文這一天，抽樣檢視一下實況就知道了。

2020 年 2 月 12 日盤後，筆者用台股上市、上櫃的全部普通股（共 1714 檔），用程式去跑一下，就得出共有 387 檔股票的週轉率是高於大盤的週轉率。真有百家爭鳴、交投熱絡的現象。這還是設定「過濾股價 5 元以下、五日均量在於 500 張以下」的個股，否則勢必更多！

當天大盤的週轉率是 0.31%，而週轉率在 6% 以上的，也有如下 24 檔個股。

表 1-2 週轉率高於 6% 以上的股票舉隅

	股票名稱	收盤價	漲跌	漲跌幅	週轉率(%)	成交量（張）
1.	世芯 -KY(3661)	229	5	2.23%	18.81	11398
2.	品安 (8088)	30.1	0.8	2.73%	15.42	9395
3.	倉和 (6538)	230.5	12	5.49%	15.05	4559
4.	精材 (3374)	93.9	3.6	3.99%	14.81	40233
5.	立積 (4968)	163.5	5	3.15%	13.18	8157
6.	信紘科 (6667)	77.7	7	9.90%	12.28	4304
7.	熱映 (3373)	26.2	0.3	1.16%	11.19	4842
8.	原相 (3227)	190	2.5	1.33%	10.65	14636
9.	瑞耘 (6532)	42.95	-0.05	-0.12%	10.62	3360
10.	旭富 (4119)	116	2	1.75%	9.71	7714
11.	大毅 (2478)	75.4	0	0.00%	9.07	13177
12.	玉晶光 (3406)	547	16	3.01%	9	9995
13.	撼訊 (6150)	63.7	0.7	1.11%	8.99	2993
14.	台郡 (6269)	122.5	11	9.87%	8.48	28223
15.	金像電 (2368)	15.5	0.65	4.38%	8.35	45610
16.	威剛 (3260)	75.2	1.3	1.76%	8.2	18354
17.	宏捷科 (8086)	101	1.3	1.30%	8.2	12694
18.	宇峻 (3546)	111.5	-5	-4.29%	7.87	3286
19.	博智 (8155)	117	2	1.74%	7.55	3755
20.	泰鼎 -KY(4927)	52.4	0.4	0.77%	7.22	13655
21.	廣穎 (4973)	33.3	-0.05	-0.15%	6.91	4388
22.	三貝德 (8489)	84.7	4.2	5.22%	6.8	2565
23.	系微 (6231)	61.6	3.1	5.30%	6.41	2439
24.	九豪 (6127)	16.8	1.25	8.04%	6.4	6916

週轉率過高的現象，為何讓波段難做呢？我們以筆者臉書（https://www.facebook.com/profile.php?id=100010871283091）在 2020 年 1 月 12 日的發文為例。

主題：兩大專業報紙選股比賽，看出股市做多越來越難賺錢了！

上周兩大專業報紙選股比賽，八位高手只有兩人一周投報率是正值。第一名的獲利率只有 0.67%，第二名 0.05%，其餘六位全是賠錢。看起來，波段做多操作越來越不易獲利了。主力短線盛行，應是主因。

本周他們的選股有哪些呢？用功的股友可以研究一下。這份名單保鮮期為 2020.01.13.～2020.01.17.

方天龍寫於 2020.01.12.

兩大專業報紙指的是工商時報和經濟日報，這兩個財經媒體各派出 4 位「選股高手」，他們公開選出的近 40 檔股票，在五天之後，漲幅都非常有限，主因是在這五天後，拉高的股價又被主力大戶獲利了結，形成股價「抱上又抱下」的慘狀。其結果是 8 位選股高手的成績非常差，尤其這些選出來的股票是必須抱牢五天的，所以結局非常準確地反映出台股「短線盛行」的弊病。

該投資基金、定時定額、存股、股票和期權？

　　有人說，既然台股這麼難做，那我們是不是乾脆把資金交給投信公司，由基金經理人幫我們操作就夠了？

　　沒錯，這就是共同基金的概念。筆者當年在跑新聞時，有機會接觸到投信公司的內幕和人事概況。我先後曾採訪過近百位基金經理人，包括：黃慶和、官大煊、劉友威、林成蔭、馬傳忠、于蕙玲、毛仁傑、林祈明、鄭智文、林彥良、李挺生、陳慧德（改名陳浚洧）、劉念祖、韋國慶、蕭惠全、陳建良、高全利、侯明甫、黃世洽、黃琬婷、吳麗安、王田、葉清海、蔡培珍、陳文豪、周雷、陳美欽、祝明智、劉益銘、周昌寰、吳寧、洪雅彬、劉宗聖、戴震、劉時楨、陽正光、吳望祖、俞大鈞、張國萍、左家寧、宋文琪、王鴻嬪、林一銘……等諸位先進。以上這些投信基金經理人，在當時都是國內一時之選，在業界的知名度都相當高。我藉採訪之便，得知他們都各有獨到的操盤機密和風格，於是決定寫一本名為《基金經理人投資策略》的新書，幾個月後，初稿已成，打算請其中三十位被我採訪的對象，為我審稿校正一下，或根據面談、錄音整理的內容加以補充。沒想到其中被我採訪的人物竟有一半以上不見了。少數升官成為老總或副總，然而更多是已經離職了。至於換到什麼公司或行業，則問不出來。

　　後來我才理解，基金經理人的工作競爭非常激烈，換人如翻臉。顯然不是很好幹的工作。原來基金經理人除了有很多的績效壓力之外，所受到的限制也相當多。例如政府規定基金持股比例不得低於 70%。換句話說，當大盤走入大空頭時期，想賣股票還不能全部賣光。這就等於被迫「套牢」

了！此外，投信還不能使用融資和融券。萬一股市有大利空時，明明知道股票會暴跌，仍然必須遵照指示進場挽救股市。尤其不可思議的是，如果績效排名沒有在幾分之幾以內，也要受罰或走人。那麼，再厲害的操盤人也受不了如此的桎梏。

2019 年 8 月 14 日，我因為拙著《神準天王方天龍高勝率 6 大當沖秘笈》（時報出版公司出版）受到賞識，受邀與一位心儀已久的操盤手見面。他在臉書的私訊中幽默地說，想和我「認證一下」，因為他發現我在書中寫了很多股市的機密和 Detail（細節）。能有機會與這位高知名度的股市前輩切磋切磋，此生可說無憾。在台北東區一棟非常高檔的辦公大廈內，這位年輕的「前輩」朋友告訴我，他現在和幾位同行好友（過去都是證券界業內的主管）集資一起操作股票，過著有點像自營商的生活。但他們覺得還是玩自己的錢比較暢快，完全不受限制。我想這應該是他們想要放手自由自在操作的共同想法吧！

定期定額投資，打的是持久戰

事實上，參加共同基金，難為的不只是基金經理人，對於投資人也很不利。不只每次申購都要上繳一筆非常昂貴的手續費和管理費，萬一賠錢也莫法度，仍由投資人概括承受！其次，台灣各式各樣的基金，如何選擇也是頭痛問題。不肖的基金經理人和主力勾結，硬把主力套牢的股票承接下來以賺取暗盤回扣的事，也經常發生。

海外基金就比較可靠嗎？不瞞你說，我數十年前擔任醫藥記者時買的「國際醫療基金」後來也認賠了結！當時完全是個菜鳥，還以為擁有一份海外基金是相當榮耀的事，現在想起來，深覺幼稚與不切實際！

年輕時代的我超愛開著車子到處去採訪，因而特別清楚股市的風向。什麼題材熱門，我就寫什麼書。所以，我可以說是最早寫「店頭市場」的人，曾經出版過《上櫃股票投資指南》。又有一年，正是「定時定額基金」流行的季節。我搶先推出了熱門新書《定時定額基金手冊》、《定時定額基金投資大全》，非常暢銷，因為這種理財方式在當時不僅熱門，且投合了小資男女的心理，每個月只要有 3000 元就能買基金。

「定時定額基金」也叫做「定期定額基金」，或叫「小額信託」。它本身並非一個基金，而是一種新的投資方式。很多投信公司開放它旗下的若干基金，讓有興趣投資卻缺乏大筆資金的人可以用類似銀行「零存整付」的方式買基金。

當時，這種「定時定額」的扣款方式很簡單，如果你每個月的銀行戶頭，扣除必要的支出後還能剩下超過 3000 元，就可以參加了。它會透過銀行帳戶幫你自動扣款投資基金。投資人不必研判進場時機，負擔不大又可以儲蓄兼投資。

投資國內的共同基金，一般雖以 3000 元為下限；投資國外共同基金，卻要以五千元為下限。我記得當時我在書中最吸引人的一段訴求是：

以一個剛剛步入社會的新鮮人來說，假如他現在是 23 歲，每個月投資三千元「定時定額」，用 20% 的年報酬率計算，27 年後的投資本利和，將可達到 3000 萬元！想想看，到你 50 歲就有了 3000 萬元，怎能不說是「錢」途似錦？

不過，話說回來，如果一個 4、50 歲的中年人，現在才剛開始投資定時定額基金，似嫌太遲了些，因為到 60 歲，也不過只存了十年的錢，無

法看出長期複利的「錢滾錢」效果。

多年來，已經漸漸沒有人再公開談及「定期定額投資」了，畢竟這是超級長期的投資計畫。有人把它稱為懶人投資工具，這是不夠完備的說法。事實上，這樣的投資法如果放任不管，也有可能虧錢的。

存股宜慎選時機進場，才不會被短套

最近幾年，慢慢流行的風潮則是「存股」。這是因為有幾位有心的「存股者」把股票像存錢一樣地收藏著，最後居然累積了幾百張的股票。這就好像「倍增市場」一樣。有了這麼多的股票，加上配股配息，終於不啻為一筆大財富。然後，再經一些雜誌媒體的推波助瀾，大幅報導、捧為封面人物、邀請上課傳授存股術，於是居然也成為一項顯學了。

我一向是反對「存股」的，因為投資報酬率太低了，回報也太慢了。如果是年輕人，那還好。可以當成一項流行訊息追逐、當成一個熱門遊戲玩一玩。但是，台灣人口如今已老年化，多數對經濟有需求的人，從現在再來開始「存股」是不是太慢了一點？

就在我寫作的前幾天，還有我的粉絲問我：

老師，現在萬點以上，如果想存股適合嗎？怎麼篩選股票去進場或退場？抱歉，這好像是很基本的問題。

我立刻回覆：

不太適合。位階太高。即使大多頭行情的台積電，這時進場買它也會短套。

對方說：

對，我內心也是這麼認為的。只是最近身邊很多朋友還要進場，我就滿擔憂的。

這位粉絲明顯是一位初入股市的年輕人，對股市的情況已經開始有所認知。而他的朋友則明顯是個門外漢，只是把熱門理財話題，當成「追星」一般地看待。

不過，由於媒體邀請手上擁有幾百張股票的「資深存股族」授課，這些老師現身說法之餘，總要有點東西可以講吧！於是也就開始研究一些比較投機的技術，教大家如何利用領高息、賺價差的「存股雙賺投資術」。原本一項長期投資的簡單故事，儼然變成投資有「術」了；講課的資深存族者，也搖身一變成了「大師」。在上課時，簡單的技術分析也被搬上了講桌，用以詮釋「存股」的方法。不然這麼多來看名人演講的追星族聽些什麼？

儘管如此，我還是覺得直接向股票、期權有實戰經驗的行家，深入學習進階技術，才適合對理財需求已經覺醒的股民。因為姑不論「存股」究竟適不適合現今「短線盛行」的時代，光是最重要的「選股」一項，就未必永遠是中華電信、中鋼等等老牛股了。一定要精準拿捏，才會達到您的期望值。

我只贊成兩種人「存股」：

一、23 歲以下的年輕人。來日方長，有的是時間跟它耗。如果要定時定額買基金或存股，都可以長期獲得豐碩的成果。

二、存款有千萬的富人。我曾經閱讀過某篇專欄文章，那是一位講述0050、0056的存股達人寫的，他說他的理想是「年化報酬率5%」。其實，以他千萬資金來衡量，5%確實很夠了。然而，如果你只有10萬的資金，一年5%夠用嗎？養家活口、儲備退休或意外看病，這樣的金額怎麼夠呢？

　　由此可知，每一個人的身分條件必須選擇適合自己的投資方式，而不是趕流行。

波段、中長線的情結與心態

對於股票市場來說，它就和水一樣，是川流不息的。可是，我們做股票，卻有長線操作、中長期投資、波段操作、短線經營………等等方式。這是依個人的習性而有所不同。有的人長線做得好，有的人短線較拿手；有的人喜歡一買股票就放著，久久才看它，有的人喜歡天天關注股價進展，有賺就跑，跌下來接回繼續操作。

到底多久，才算是長線操作？多久才算中長期投資？多久才算波段操作？至於短線操作，又是怎麼分呢？

正如同我們讀高中歷史課本一樣，所有歷史事件的解釋幾乎都有定論，這是為了讓初學歷史的新生容易領會。可是，到了大學，如果讀歷史系，研究了史學方法論之後，才發現什麼史事幾乎都沒有定論了。見仁見智，百家爭鳴；各人一把號，各吹各的調。為了追求真相，歷史的解釋就依各人的經驗和學識而有所不同。股市的操盤情況也是如此。有些人認為一年就算長期了，而有的人則說「十年、二十年才算長期。」有的人感覺半年就算中長期了，可是也有的人認為三個月已經算是中長期。各人的感覺都不一樣。這並沒有定論。凡是進階的學問都不會有定論。

再以波段來說，我認為五天就是一個波段了。可是，也有的時候，一個做多的行情攻頂結束，可能要十二天，那麼做完這個行情，把它賣掉之後，說一句：「我做完一個波段了！」於是，這時 12 天便算是一個波段。既然如此，波段就會被分為大波段、中波段、小波段。大波段說得廣義一點，可能會變成長期投資了。所以這可說沒有定論，完全依照你喜歡和習慣來將它界定。

一個波段可能會有多長？有人炒作時，可能很長很長；沒人哄抬、拉拔時，很可能靜如止水，或者激起幾天漣漪，然後復歸平靜。所以，波段的意義，可能不是你說了算，而是依市場當時有沒有「波動力」而定。

　　我舉一個例子。如果我們在 2014 年 10 月 23 日買進「華航」（2610），然後在 2015 年 4 月 15 日的高點，把股票出清。那就好比把一條魚從頭吃到尾，非常完整。而不是只吃魚頭或魚尾，或魚身。這樣的獲利率就是 165.9%。為期總共將近半年，可說是「大波段」操作。

　　再舉一個例。假如我在 2017 年 8 月 15 日買進「華航」（2610），然後在 2017 年 9 月 11 日的高點，把股票出清。那也是等於把一條魚從頭吃到尾，非常完整。而不是只吃魚頭或魚尾，或魚身。這樣的獲利率就是 137.5%。為期總共將近半個月，可說是「小波段」操作。

圖 1-1 華航（2610）的大波段操作

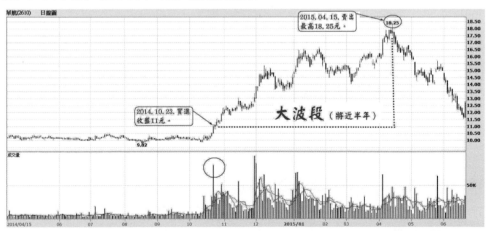

圖片來源：XQ 全球贏家

圖 1-2 華航（2610）的小波段操作

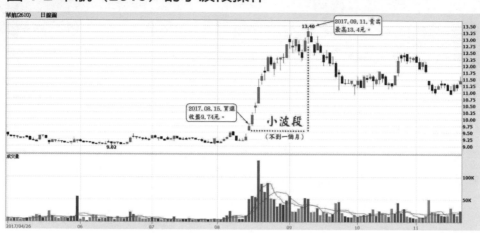

圖片來源：XQ 全球贏家

巴菲特說得好：「從短期來看，股市是一個投票機；而從長期來看，股市是一個秤重機。」

「投票」一向需要有好的眼光，才能選股精準；「秤重」則是一個體質的評估，需要了解它的「內容物」才知輕重。我曾經把富達麥哲倫基金創始人「彼得林區」和股神「巴菲特」的選股結果作過評量，我發現前者的選股績效較優，這是以短線的評估為著眼點。然而，巴菲特一向是「價值論者」，也是長線的投資高手，看的是長遠的利益。兩位大師的風格其實並不一樣，也無法相互比擬。

巴菲特又說：「如果你不打算持有某檔股票達十年之久，那就連十分鐘也不要持有；我最喜歡的持股時間是……永遠！」他這句話很強烈地表達了「長期投資」的決心，同時也彰顯了他選股的自信。——如果一錯十年，可不得了！

圖 1-3 彼得林區 Vs. 巴菲特

選股法名稱	選股描述	選股條件
彼得林區	彼得林區，是著名的麥哲倫基金創始人。他於1968年進入富達投顧擔任分析師，並於1977年開始掌管富達旗下不同千萬百萬美元資產的麥哲倫基金，主要投資美國國內有價證券。在彼得林區的操盤下，麥哲倫基金成為有史以來最龐大的共同基金，到了1987年，也就是十年後，該基金將有人數已超過一百萬人，資產成長至八十四億美元，績效卓著，被得林區認為，善用已知的資訊來投資會較估優勢。也建議投資人從生活中尋找好機會，利用個人經驗和本身優勢，投資較取得熟且熟悉的股票，例如本身從事醫療證券分析的彼得林區，利用這方資訊優勢也找到了不少投資趣樂業的好機會。而早經驗的衣著品牌。寧穿的連鎖眼鏡品牌，也成為他投資組合中的一部分。　在挑選投資標的時，彼得林區偏好穩定，競爭低的行業，最好具有某種獨佔性，且是市場較不注意的冷門股。他認為在熱門行業中的熱門股由於是市場焦點，價格波動性較大，雖然成長快但競爭者，是他會避免去購買的股票，此外，經營管理不良，與沒有過去的新公司，他也不願意投資。	1. 本益比小於 [20] 2. 近 [2] 年營收成長率，平均大於 [25]% 3. 近 [5] 年稅前淨利成長率，平均大於 [7] % 4. 最近一季負債比例小於 [30]% 連續股價 [5] 元以下，五日均量在 [500] 張以下的個股
巴菲特	提到華倫巴菲特，大家首先想到的會是他傲異的投資績效表現：從二十五歲以100美元開始台股投資事業起，這今巴菲特個人財富超過120億美元，過去三十多年中，他的投資組合創造了超過20%的平均年複利翻酬率，強利之間，也使得他成為富比世（Forbes）雜誌的富豪排行榜中，唯一單純因為股票投資而成為全美前十名的億萬富翁，這樣的佳績，真可以稱得上是投資之棒了。　巴菲特認為，買進一公司的股票則他來說相當於投資並參與此企業的經營，因為短期價值所帶來的資本利潤通常收穫不多且風險大。長期參與穩定其萬的企業才是明智之舉，所以對他來說，實獲股票相當於經營一家企業，「聰過哪一個股票」，「以什麼價格買」經或「哪一家企業投資的最看好」和「如何以適當或本取得參與公司經營權」的問題。	1. 近 [5] 年，每年的EPS都大於 [1] 元 2. 近12個月每股盈收大於 [1.5] 元 3. 近 [5] 年股價淨值比小於 [1.5] 4. 近4季股東權益報酬率大於 [5]% 5. 最近 [5] 年毛利率每年平均大於 [10]% 連續股價 [5] 元以下，五日均量在 [500] 張以下的個股

資料來源：XQ 全球贏家

不過，對於長線來說，早期在華爾街股市從事股票投機，並希望因此而致富的一群瑞士人提出了「蘇黎士投機定律」(Zurich Axiom) 的術語，其中定律 12 指出：

長期計劃會讓人產生未來完全在掌握之中的幻覺，決不要為自己做長期計劃。

事實上，你真正需要的長期計劃應該以錢本身做為關切的焦點。也就是當你萌生要致富的意願時，要儘量避免從事長期投資，只要有好機會就大膽投入，事態轉壞就立即抽身。人要隨時保持致富的高度企圖心。

如何致富是無法事先瞭解或計劃的，你需要知道的事只是：要有致富的旺盛企圖心。總之有一天你會發財。套一句英國經濟學家凱因斯的話說：「長期，我們都死了！」

這一段話的意思是，長期計畫引起的危險是：它讓你認為未來是可以控制的，永遠不要為自己或讓別人為你制定長期計畫。

　　我雖然也很佩服巴菲特的眼光，但我寧可研究小波段的股市行情，當然，如果能像本書圖 1-1 的「華航」（2610）那樣大波段操作就好了。畢竟我們都無法預知未來，所以真能那樣吃掉「全魚」是不容易的。

　　誠如「蘇黎士投機定律」所說的，永遠不要做這麼長的規畫，因為未來是無法控制的。——除非能影響行情的主力。不過，主力也未必能絕對控制走勢，因為還有更多的其他主力大戶！

上班族能不能做當沖、隔日沖？

既然目前的股市是「短線盛行」。那麼，短線，又怎麼區分呢？

最常見到的「短線操作」，當然是「當沖」了。所謂「當沖」，就是「當日沖銷」(Day Trading)。在股市中，一筆「當日沖銷」交易，指的是在同一天之內，針對同一件投資標的，透過一買一賣的方式，達成沖抵、結清、註銷交易的行為。中國大陸地區，則把它稱為「日內波」交易。意思是在一個交易日內完成「針對特定波段構成的交易機會進行開倉和平倉全過程的交易形式」。既然說到「開倉」、「平倉」，顯然也包括了期貨當沖交易。

為什麼說「針對同一件投資標的」呢？因為廣義的「當日沖銷」，並非光指股票而已。事實上，「當日沖銷」至少包括了六種「投資標的」：

（一）、指數選擇權（Index Option）。

（二）、股票選擇權（Share Option）。

（三）、商品期貨（Commodity Future）。

（四）、外幣現鈔。

（五）、上市公司股票。

（六）、上櫃公司股票。

目前認購權證和認售權證不能當沖，是最大的遺憾。如果碰到上市、櫃股票被主力拉抬，通常會吸引一堆股友跟進。買股票的人，因為可以當沖，所以至少有了護身符；可是買「權證」的人卻沒有保障。因為當一群

權證投資人也同時跟進買權證，偏偏在不久之後，股票主力又從股價高處把股票殺下來獲利了結。股價勢必又跌下來！動作快的股票散戶，也許能即時反手做空，那就不會受傷。可是，權證投資人呢？他今天追進的認購權證必是高點，卻無從賣掉。萬一碰上不良的權證發行商（俗稱莊家）利用拉大買賣差，以及調降隱波率，讓權證價格重重跌下。權證投資人必死無疑！更狠的是莊家利用人頭戶在不可思議的超低價區，讓人頭戶成交（別忘了莊家是老闆，他是很容易控制價格的），然後權證價格就再也爬不起來了。根據我近期的觀察，權證投資人在這種情況下，多半很難解套。

所以會發生這種情況，是因為「調降隱波率」幾乎是莊家的「尚方寶劍」。所有的權證都不是由官方訂價的，而是由各發行權證的券商自行決定。也就是說，權證的買賣價格是由莊家控制的，所以，理論上，莊家應該是投資人買賣權證的「公正人」，但有些不好的券商在無法賺錢時，也會耍狠調降隱波率。這招有如包公手上的「尚方寶劍」，可以「先斬後奏」，權力大到令人無法閃避。所以不肖的莊家在某一個意義上，相當於「球員兼裁判」。你必須更熟諳法令，或錄影存證，才有辦法揭發裁判有沒有違規。

這也是權證現在越來越難做的原因。權證發行商已不像從前那麼單純了。散戶惟一的辦法，就是另尋方法自救，也就是用其他的方法致力於「避險」。在本書往後的篇幅，也會再談到如何運用「方天龍的乒乓戰法」來解困。馬克吐溫說：「世界上最難改革的是………別人的習慣。」所以改變別人既然這麼難（官方很少管理莊家，比較專注於懲治飆股），我們惟有改變自己來適應變局。

不看盤做當沖，就怕來不及修正多空方向

股票當沖，是目前最熱門的股市活動。很多上班族朋友見別人在群組裡貼出獲利的成績單，多半會很心動且躍躍欲試。可是，有的人在職場上有機會偷瞄一下看盤軟體，可是有的人上班幾乎沒有機會看盤，因為工作方式與電腦無關，很難偷窺一下行情走勢。

所幸時代不一樣了。現今的年輕人就方便多了，一支手機瞬間就可以秒懂行情，而且網路下單也很方便，因為太多的看盤軟體都已進駐手機。有些軟體甚至還可以透過事先的規畫，讓手機幫你自動下單。

但是，厲害的機構也有「不讓你用手機」的對策。尤其台灣某家高知名度的電子公司，竟然連上班都規定不准使用手機（打卡報到時，就必須先「繳械」）。

儘管如此，據我所知，還是有不少的上班族非常長於當沖，仍然在工作期間一樣可以交出大賺的當沖成績單。真是八仙過海，各顯神通！

上班族做當沖，對於高手來說，並不難。但是，有一點我認為最大的挑戰，就是「做錯方向時無法修正」。部分券商的下單軟體比較麻煩，必須先刪除，再重新填寫、下單，無法直接修改股價。這樣動作上就慢了一步。其次，發現選邊站、站錯方向了。有時一忙，忘了改，會出大事。

曾見一位群組的新手私下傳來一張淌血的成績單，慘賠！原來他放空一檔股票，本來可以小賺的，可惜沒有及時回補。後來主力（或許是其他的大戶）突然改變了方向，由空翻多，非常激烈地軋空了。瞬間股價急拉到漲停板。這位放空的群友來不及改價，就被軋上了天，非常慘！因為那

是一檔高價股。問題大條了，更慘的是，他當天不只賠掉了一年的薪水，次日還可能續跌！

我認為上班族最好做的是隔日沖。當沖太即時性了，一點也不輕鬆。

台灣股市最可貴的就是，如今已經把所有交易帳戶（包括主力大戶、小小散戶）的成交資料，都 PO 上了網路。於是籌碼的「分點」變成研究股票者的「顯學」。在這種情況下，主力大戶的交易情況，我們也得以透過研判而更容易掌握他們的行蹤。這一點，讓用功做功課的籌碼高手變得如虎添翼。只要肯研究，成效非常卓著。

筆者是最早寫出隔日沖大戶內幕的人，很早就了解他們的操作手法，以及最新的「變化球」。

短線操作，包括當沖、隔日沖、三日沖、四日沖

我通常把五天（一週）的操作，叫做「波段操作」，一天的交易叫做「當沖」，然後兩天的叫做「隔日沖」。至於三、四天的交易，稱為「短線操作」。廣義來說，短線操作，包括當沖、隔日沖、三日沖、四日沖。此外，我還發明了「半日沖」（本書會再提及細節）。

有些大戶不只當沖的手法要得，連短線交易都很精到。我怎麼知道呢？因為從股票專業軟體（例如「XQ 全球贏家」）的「分點」進出資料，就可以抓得清清楚楚，幾乎無所遁形。

從技術面＋籌碼面的研究，我們就可以把每一檔股票的「故事」弄得歷歷如繪。

好比某一天，「和碩」（4938）這一檔股票，有一位厲害的大戶介入其中。請看圖 1-4~ 圖 1-7，這位贏家大戶，我們姑且稱他為【贏家大戶 A】吧！我們從他在「和碩」的短線操作，就可以看出他的操盤技巧相當高明。圖 1-4 上的文字註解「這兩天買進」，意即他分兩天進貨，兩根 K 線都收紅。大概是因為籌碼被鎖定了，第三天就形成「一字型」跳空漲停了。從頭到尾都沒有打開。

第四天，這位贏家大戶立刻在股價的高檔出貨了。當天他落袋為安、獲利飽飽，股價也留下了短短的上影線。這樣四天的操作，非常完美，堪稱「四日沖」，也叫做「短線沖」。

第五天，股價收一個小十字，看起來並沒有跌下來，仍很強勢。於是，這位贏家大戶在第六天再度介入。這次他改變戰略了，不再以波段為主，而是做了一個「當沖」！又是一個漂亮的當沖！從他買賣的張數和價格，可以算出他在 6 天內就把數千萬元的獲利放進口袋了！

我們從他在「和碩」股票的進出動作，可以學到很多操作的技巧。這不僅要感謝他，更要感謝讓所有主力大戶的交易資料「透明化」的台股官方。

贏家是如何在各種多空環境中，取得有利的戰略地位？如何在多空判斷中找出精準的買賣點。請讀者慢慢看下去………

圖 1-4 贏家大戶在「和碩」的短線操作，技巧高明

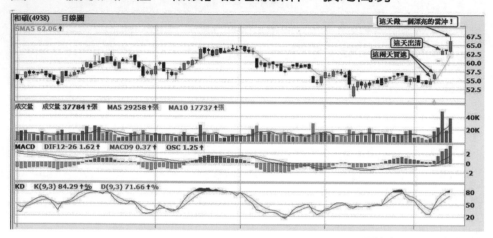

圖片來源：XQ 全球贏家

圖 1-5 贏家大戶玩當沖的位置

圖片來源：XQ 全球贏家

圖1-6　【贏家大戶A】在四日沖過程中的籌碼細節

【 贏家大戶A 】在「和碩」噴出行情中，短線思維非常完美，技巧高明！

買超					賣超				
券商名稱	買進	賣出	買賣總額	差額	券商名稱	買進	賣出	買賣總額	差額
花旗環球	10,956	3,578	14,534	7,378	美林	8,210	7,602	15,812	608
台灣摩根士丹利	8,957	7,464	16,421	1,493	台灣摩根士丹利	8,957	7,464	16,421	1,493
美林	8,210	7,602	15,812	608	港商德意志	4,176	6,417	10,593	-2,241
瑞士信貸	6,921	3,642	10,563	3,279	港商野村	1,216	3,768	4,984	-2,552
美商高盛	6,214	174	6,388	6,040	國泰	851	3,710	4,561	-2,859
元大	4,467	1,612	6,079	2,855	瑞士信貸	6,921	3,642	10,563	3,279
港商德意志	4,176	6,417	10,593	-2,241	花旗環球	10,956	3,578	14,534	7,378
宏遠	3,333	969	4,302	2,364	臺銀	317	3,471	3,788	-3,154
富邦	3,244	608	3,852	2,636	港商麥格理	1,210	2,820	4,030	-1,610
玉山	2,774	2,045	4,819	729	華南永昌-新店	28	2,579	2,607	-2,551
新加坡商瑞銀	2,748	1,222	3,970	1,526	華南永昌-和平	2,463	2,466	4,929	-3
大和國泰	2,535	663	3,198	1,872	玉山	2,774	2,045	4,819	729
統一	2,467	1,553	4,020	914	永豐金	2,434	1,801	4,235	633
贏家大戶A	2,463	2,466	4,929	-3	兆豐-寶成	20	1,650	1,670	-1,630

圖片來源：XQ全球贏家

圖1-7　【贏家大戶A】在四日沖過程中的交易資料

日期	買進	賣出	買賣總額	差額	差額佔成交比重
當沖交易實況	859	858	1,717	1	0.00%

成交單價	買進	賣出	差額
63.50	低價時重押！　300.00	0.00	300.00
64.10	1.00	0.00	1.00
64.20	3.00	0.00	3.00
64.20	102.00	0.00	102.00
64.50	3.00	0.00	3.00
64.80	84.00	0.00	84.00
64.90	116.00	0.00	116.00
65.00	0.00	250.00	-250.00
65.20	0.00	2.00	-2.00
65.50	250.00	0.00	250.00
65.90	0.00	50.00	-50.00
66.10	0.00	50.00	-50.00
66.20	0.00	43.00	-43.00
66.40	0.00	57.00	-57.00
66.50	0.00	50.00	-50.00
66.60	0.00	260.00	-260.00
66.70	0.00	90.00	-90.00
66.90	0.00	6.00	-6.00
平均成本	64.50	66.03	

分兩段式出貨，減輕壓力！

完美的四日沖：前兩天進貨，第三天跳空漲停不賣，第四天出清股票！

日期	買進	賣出	買賣總額	差額	差額佔成交比重
完美四日沖交易實況	0	1,505	1,505	-1,505	3.15%
	930	66	996	864	4.91%
	673	37	710	636	12.23%
累計區間	1,603	1,608	3,211	-5	

平均買進成本	55.91	平均賣出成本	62.73

圖片來源：XQ全球贏家

第 **2** 部曲

基本面、技術面、
籌碼面的異同

本圖片 Gerd Altmann 在 Pixabay 上發布

森林裡，巨蟒和豹子同時盯上一隻羚羊。

豹子想：我要吃到羚羊，必先消滅巨蟒。巨蟒想：我要吃到羚羊，必先消滅豹子。於是，豹子撲向巨蟒，巨蟒也撲向豹子。

豹子咬著巨蟒的脖子，巨蟒纏著豹子的身子，都死也不放。最後，羚羊安詳地走了，而豹子與巨蟒雙雙倒地。

獵人看了很感慨。他想：如果巨蟒和豹子同時撲向獵物，然後平分食物，兩者都不會死；如果同時走開、放棄獵物，兩者也都不會死；如果一方走開，一方撲向獵物，兩者都不會死；如果意識到問題的嚴重性時互相鬆開，兩者也都不會死。

股市有基本面、技術面、籌碼面的各派專家，都沒有針對標的，共同研究破解之法，反而互相瞧不起，門戶之見常讓學者無法團結一致，用各自的優點共同去應對行情，也就找不到完美的交易「聖杯」！

📈 基本面也不是完全沒用

筆者應該算是出身於基本面派的股市研究者，因為當年在新聞界所採訪的對象──基金經理人，他們個個都是留美的財經學院碩士，所以談到股票，都是基本面著眼的居多。

長期的一對一採訪（每次安排兩個小時左右），我等於經歷過無數次「上課」做筆記的歷程，在耳濡目染的情況下，自然與朋友一談起股票，也多半是基本面掛帥。公司體質如何、老闆企圖心怎樣、產業前景、有沒有接到什麼訂單、毛利率如何………。從來不會去關心個股的價位和走勢。

由於曾經擔任報社「證券投資版」的主編，當時報社嚴格的在職訓練，要求我們嚴守一個媒體人的尺寸與分際，例如必須做到新聞報導的「平衡」，不可以在標題上暗示某一檔個股的未來必然漲跌、不可以渲染某一家公司的利多訊息、不可以與主力掛勾等等，所以我從來就沒注意股價的位階與買賣點。當時因為不缺錢，所以很「清廉」（也許這是當時主管任命我來編證券版的原因），從來不懂得主力是如何用錢畫線做股票，換句話說，我不是在做股票，而是在做新聞工作。當然，當時對某些知名記者與主力勾結、不久就買了賓士汽車等等故事，也知之甚詳。但自己從來就不羨慕，也不理財，更不必做股票。

直到因報社倒閉、被迫回家「吃自己」之後，才發現自己所學的基本面那一套，完全無法幫我從股市提款。同時在實戰的過程中，終於體悟到至少要精通技術面，才能在股市找到力量。

離職後，我在中國大陸隱居起來，專事寫作了十年之久。當時我是業餘的勵志作家（用其他筆名寫了不少暢銷書），卻是專職的股票研究工作者。每天花十個小時窩在家中，憑著幾套股票專業軟體、靠著不斷思考、比較、驗證、回測的方法，在印證過去所學的股市知識。在這其間也發明了相當多獨家的線圖觀察法、獨家的參數設定、獨家的多空研判能力。

我要感謝的是「XQ 全球贏家」這個股票專業軟體，讓我意外得知從2009 年開始，官方已把所有大小主力和散戶的交易資料（包括每檔股票的券商分點資料），全部送上網路，讓我們能直接從軟體獲得透明的台股籌碼資訊。於是，「技術面＋籌碼面」變成我的鑽研方向和教學時的口頭禪，無時無刻不和這些股票軟體共處。當年從事新聞工作，我常為了查看基金持股的內容，而必須開車去許多官方機構，進入閱覽室翻閱一頁頁的

資料。那些資料本來就是存在的，只是知道門路的資深業內人士才會去查。我則是以記者身分申請辦證，才得以進入。

如今籌碼研究變方便了，不再與外資、主力「資訊不對等」。只要用功，小資男女也可以在電腦螢幕前，清楚掌握主力大戶的動向。關注了技術面、籌碼面之後，我才慢慢發現原來技術面才是賺錢之鑰，買低賣高賺差價，比了解一家公司好壞，更有助於在股市提款。基本面根本是落後指標。再更深入研究之後，又發現籌碼面才是萬能鑰匙。許多技術面搔不到癢處的地方，籌碼面研究之後，便詮釋了一切的真相！

近年發現很多教股票的老師，也都說他是「技術面＋籌碼面」的信奉者。看來吾道不孤、英雄所見略同！再聽那些所謂「價值投資論」者的演講，如今都覺得「華而不實」、「緩不濟急」，猶如聆聽一個沒有實戰經驗的老教授拿著古老的講義在唸稿，永遠都是老掉牙的那一套，令人昏昏欲睡。

其實，各種學派很多，主要是以下列 6 種面向為主導：

表 2-1 各種學派選股的面向

	所屬面向	簡介
1.	基本面	基本面分析又稱財報分析，不論價值投資、成長股、定存股，都以財務數字做依據。
2.	技術面	主要是以統計學做依據，發展出許多技術指標、選股條件和各種多空策略的分析法。
3.	籌碼面	主要是以融資融券、法人選股及和個股分點主力的買賣超，以及資金流向為參考點。
4.	題材面	明星產業、熱門趨勢、資金行情，以及各種供需話題，常能造就一波股價的漲跌幅。
5.	消息面	政策、經濟的演變，特別是突來的訊息，例如戰爭、疫情等，都足以左右股市行情。
6.	心理面	患得患失的市場心理，交易場所的氣氛效果，甚至從心理線的變化就可以看出來了。

各種學派的研究，暗合禪宗三境界

宋代禪宗大師青原行思提出參禪的三重境界：參禪之初，看山是山，看水是水；禪有悟時，看山不是山，看水不是水；禪中徹悟，看山仍然是山，看水仍然是水。在筆者隱居他鄉閉關十年潛心研究股票之後，我的學習歷程，也有了三重境界：第一階段先學基本面（見山是山），再轉而第二階段否定了基本面（見山不是山），改攻技術面和籌碼面；來到第三階段，又覺得基本面仍然不可偏廢（見山依然是山）。其實，不只基本面，有其功能，就連題材面、消息面，乃至心理面，都有不可磨滅的參考價值。

舉例來說，2020 年 2 月 24 日，盤中大跌 150 點以上，而「紙類股」卻一枝獨秀。為什麼呢？因為有基本面、題材面、消息面的利多。

2020/1/13 下午 01:14:32

MoneyDJ 新聞 2020-01-13 13:14:32 記者 邱建齊 報導

　　中國大陸從 2017 年發布並實施禁廢令，訂下 2020 年底零進口廢紙的時程；在此之前，仍會核發進口廢紙的配額給各工紙廠，配額大小不盡相同，主要依照各廠前一個年度所使用的進口回收廢紙總量做為標準，再按照折數核發配額並依比例遞減。包括榮成（1909）及永豐餘（1907）等有生產產能在中國大陸的工紙廠，營收雖未受到太大衝擊，但成本拉高之下影響到獲利，股價在 2018 年都走過一段低潮。而就在大陸工紙從去（2019）年 8 月底起多次調漲後，除了工紙事業相關損益已獲得改善，12 月營收也出現族群性創高表現；包括正隆（1904）創下 5 年新高、台紙（1902）寫下 4 年新高、榮成與永豐餘也雙雙來到 16 個月新高。

　　以上這則新聞，影響到「紙類股」的基本面。即以 2020 年 2 月 24 日為例，盤中大跌 150 點以上，而「紙類股」的股價卻仍有支撐。

圖 2-1 2020 年 2 月 24 日盤中，加權指數重跌 150 多點

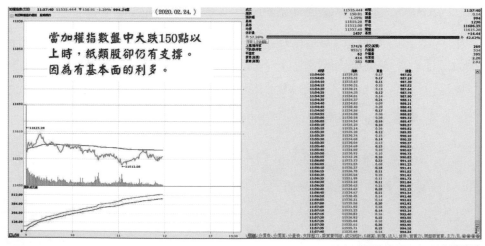

圖片來源：XQ 全球贏家

圖 2-2 2020 年 2 月 24 日盤中，紙類股一枝獨秀

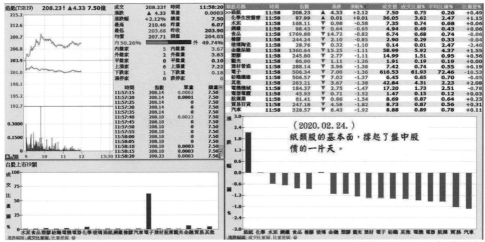

圖片來源：XQ 全球贏家

從前面的新聞摘要，我們可以得到如下基本面的訊息：

❶ 正隆（1904）創下 5 年新高。

❷ 台紙（1902）寫下 4 年新高。

❸ 榮成（1909）創 16 個月新高。

❹ 永豐餘（1907）創 16 個月新高。

有趣的是，當筆者在盤中把這幾檔股票的同一類股從軟體叫出來時，它們的漲幅竟然是依新聞利多的大小排列：

❶ 正隆（1904）盤中漲幅 5.08%。

❷ 台紙（1902）盤中漲幅 2.63%。

❸ 榮成（1909）盤中漲幅 1.54%。

❹ 永豐餘（1907）盤中漲幅 1.47%。

圖 2-3 2020 年 2 月 24 日盤中，紙類股個股的漲跌幅

台灣-造紙指標						
商品	代碼	成交	▼	總量	換手率%	產業地位
>>正隆	1904	22.75=	+5.08	14906	1.34	台灣最大工業用紙生產商
台紙	1902	21.45=	+2.63	3947	0.98	轉型為氯鹼化工產品生產商，旗下擁有越南造紙廠
飛成	1909	16.50=	+1.54	12081	0.99	國內前三大工業用紙生產商
永豐餘	1907	13.85=	+1.47	7503	0.45	台灣第一大造紙集團
寶隆	1906	13.50=	+0.37	480	0.32	轉型為工業用紙代銷商
華紙	1905	8.90=	+0.23	2223	0.20	紙漿及文化用紙一貫廠，亦為台灣最大紙漿廠
士紙	1903	31.15↓	-1.11	37	0.01	轉型為溼紙巾製造商
泰昇-KY	8480	132.5↑	-2.57	47	0.12	越南及東埔寨嬰兒及成人紙尿褲龍頭企業

圖片來源：XQ 全球贏家

以上的漲幅，是在同一個時間的「台灣造紙指標股」的分別漲幅。完全是隨機的抽樣調查，而不是刻意安排或精心設計，所以相當客觀。

作為第一線的實戰教學工作者，我要說的是：如今我雖然還是以「技術面＋籌碼面」為選股的優先條件，但是一定也每天參考一下個股的基本面、技術面、籌碼面、題材面、消息面、心理面。

基本面，既然是落後指標，為什麼您還要參考它呢？

──因為市場上仍有大量的投資人是依基本面來操作股票的，所以技術線型多少會參考這些人的心理、意志在變化。因此偶而也很準。

──這是為了自保。就好比學會開車，即使自己的技術一流，但也要防範橫衝直撞的菜鳥司機莫名其妙撞到你呀？你說，能不注意嗎？

如何自己算出股票的便宜價、合理價、昂貴價？

由於幾年來寫了不少財經著作，收到不少粉絲的來信，為了省得老是重複回覆一些問題，我慢慢把他們建立名冊，名為「建檔讀者」，然後每年辦兩次封閉式的「方天龍講座」（限名冊上的讀者才能參與）。幾年下來，大部分學生都懂了「技術面」與「籌碼面」，可是，懂得抓飆股之後，碰到意外變化的情況也不少。所以，傳統的基本面便有需要重新強調了。這是我比較少講的部分。本書將把重點提示出來。

我想，最基本的資金控管之外，財報的關注點也必須有點共識才行。首先，在看基本面時，比較需要重視的基本資料如下（以台積電為例）：

圖 2-4 台積電（2330）的基本資料

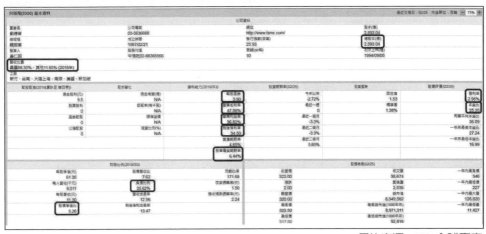

圖片來源：XQ 全球贏家

本益比是一種觀察股價高低與否的衡量標準。本益比是否合理，多以銀行利率比較的方式來決定。目前已廣泛被全球投資人所接受。本益比愈高，表示股價偏高；本益比愈低，表示股價偏低。但是，本益比的標準，要有隨時修正本益比的概念。它是法人機構與穩健的投資人極為重視的進出指標，算法很簡單，只要拿每股的市價除以每股預估稅後純益即可。

「本益比」估算，重點是要評估未來

「本益比」的意思是「買進後幾年內可以還本？」（數字越小，代表股價越便宜）

本益比的估算法：

本益比 ＝ 成本／獲利 ＝ 股價 ／每股的利潤

本益比 ＝ 現在的股價／預估未來每股盈餘（EPS）

我們該知道的是，本益比總共有三種：已知本益比（「過去的獲利狀況」與目前股價的比值）、預估本益比（「未來獲利目標」與目前股價的比值）、相對本益比（「相對於同行或市場」與目前股價的比值）。

你在報紙或網上看到的本益比，事實上都是「已知本益比」。也就是實際業績的本益比。

如果你能找得到「預估本益比」的話，將會發現每個單位提供給你的數字都不太一樣。

至於相對本益比，「XQ 全球贏家」這樣的股票專業軟體就可以找到資料。這就好像投資小吃店和大飯店的風險與報酬率是不一樣的，這就是

「相對本益比」的概念，讓同一條街的小吃店一起比、讓同一區域的大飯店一起比，才會有意義。

其次，用本益比估算，要考慮成長率，因為：低本益比的便宜股，不代表未來一定會上漲；高本益比的昂貴股，不代表未來一定會下跌。這也就是「基本面派」的難局——也不見得很準。所以，就有一些人是用一個衡量本益比成長的指標，叫做 PEG (本益成長比)。

外資的資訊領先，就是因為他們能付費得到很多研究報告，並且懂得運用「預估本益比」作精準判斷，這些研究報告通常都會深入觀察產業與公司的動態，也就是把「成長率預估值」一併計算進去，所以外資也常參考 PEG。

它的公式是：

PEG（本益成長比）= 本益比 / 盈餘成長率

很多股市新手可能從未碰過股市大起大落的事，但老手大都經歷過台股在歷史上出現六十倍本益比的記錄，那幾年非常風光的電子股，本益比也曾經愈喊愈高，資深投資人當年已經習慣於用高本益比追逐股價。但是，當臺灣經濟由高成長轉為中度成長，投資地域觀已經由台灣轉為國際的情況下，無論是景氣行情或是資金行情都不容易再「歷史重演」了；再加上傳統產業已經進入成熟期，原本高成長的電子股，面臨的是產品生命週期過短與股本過速膨脹；金融業面臨的是直接金融興起－再壓縮原本的市場；證券業面臨的是成交量不足的現象；即使是有指標作用的外資，也讓投資人開始懂得以國際比價的角度評估價值。

近年台積電的股價一直持續上漲，與基本面良好，極有關係。它的股本高達 2,593.04 億，可不是人為的因素，其股價飆漲，與 EPS 的成長呈正比。如此的大型股竟能在雷曼兄弟事件之後，股價一路飆漲近 10 倍，真是「基本面也很重要」的佐證。

圖 2-5 台積電（2330）連續飆漲 12 年

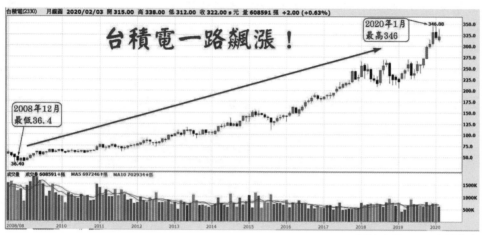

圖片來源：XQ 全球贏家

圖 2-6 台積電（2330）的本益比河流圖

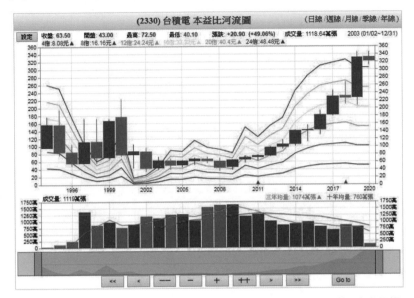

圖片來源：台灣股市資訊網

圖 2-7　台積電（2330）的 EPS 節節上升

交易年度	收盤價	漲跌價	漲跌幅	河流圖EPS(元)	目前PER(倍)	本益比換算價格					
						4X	8X	12X	16X	20X	24X
2020	322	-9	-2.72%	12.7	25.35	50.8	101.6	152.4	203.2	254	304.8
2019	331	+105.5	+46.8%	12.7	26.06	50.8	101.6	152.4	203.2	254	304.8
2018	225.5	-4	-1.74%	13.54	16.65	54.16	108.3	162.5	216.6	270.8	325
2017	229.5	+48	+26.4%	13.23	17.35	52.92	105.8	158.8	211.7	264.6	317.5
2016	181.5	+38.5	+26.9%	12.89	14.08	51.56	103.1	154.7	206.2	257.8	309.4
2015	143	+2	+1.42%	11.82	12.1	47.28	94.56	141.8	189.1	236.4	283.7
2014	141	+35.5	+33.6%	10.18	13.85	40.72	81.44	122.2	162.9	203.6	244.3
2013	105.5	+8.5	+8.76%	7.26	14.53	29.04	58.07	87.12	116.2	145.2	174.2
2012	97	+21.2	+28%	6.42	15.11	25.68	51.36	77.04	102.7	128.4	154.1
2011	75.8	+4.8	+6.76%	5.18	14.63	20.72	41.44	62.16	82.88	103.6	124.3
2010	71	+6.5	+10.1%	6.24	11.38	24.96	49.92	74.88	99.84	124.8	149.8
2009	64.5	+20.1	+45.3%	3.45	18.7	13.8	27.6	41.4	55.2	69	82.8
2008	44.4	-17.6	-28.4%	3.84	11.56	15.36	30.72	46.08	61.44	76.8	92.16
2007	62	-5.5	-8.15%	4.06	15.27	16.24	32.48	48.72	64.96	81.2	97.44
2006	67.5	+5	+8%	4.82	14	19.28	38.56	57.84	77.12	96.4	115.7
2005	62.5	+12	+23.8%	3.63	17.22	14.52	29.04	43.56	58.08	72.6	87.12
2004	50.5	-13	-20.5%	3.73	13.54	14.92	29.84	44.76	59.68	74.6	89.52
2003	63.5	+20.9	+49.1%	2.02	31.44	8.08	16.16	24.24	32.32	40.4	48.48
交易年度	收盤價	漲跌價	漲跌幅	河流圖EPS(元)	目前PER(倍)	本益比換算價格					
						4X	8X	12X	16X	20X	24X
2002	42.6	-44.9	-51.3%	1.05	40.57	4.2	8.4	12.6	16.8	21	25.2
2001	87.5	+9	+11.5%	0.75	116.7	3	6	9	12	15	18
2000	78.5	-88.5	-53%	5.71	13.75	22.84	45.68	68.52	91.36	114.2	137
1999	167	+96	+135%	3.24	51.54	12.96	25.92	38.88	51.84	64.8	77.76
1998	71	-41	-36.6%	2.54	27.95	10.16	20.32	30.48	40.64	50.8	60.96
1997	112	+55.5	+98.2%	4.4	25.45	17.6	35.2	52.8	70.4	88	105.6
1996	56.5	-28.5	-33.5%	7.31	7.73	29.24	58.48	87.72	117	146.2	175.4
1995	85	-72	-45.9%	10.48	8.11	41.92	83.84	125.8	167.7	209.6	251.5
1994	157	+61	+63.5%	10.86	14.46	43.44	86.88	130.3	173.8	217.2	260.6

圖片來源：台灣股市資訊網

用股利判斷股價是否合理的估算方法

如何自己算出股票的便宜價、合理價、昂貴價？用股利評估也是一種方法。

股利分兩種：現金股利（以現金形式發放）、股票股利（以股票形式發放）。股利和股價之間的比值，也能判斷股票到底便不便宜。

如果有一家公司，目前的股價是 100 元，而且每年都發 5 元的股息，假設配息不再加入投資，那麼股東領幾年的股息會「回本」呢？

──答案是 20 年（100 / 5 = 20 年）。

一般來說，將以上的概念，化成公式就變成：

便宜價 = 當期股利 ╳ 15 （約等於殖利率 6.6%）

合理價 = 當期股利 ╳ 20 （約等於殖利率 5%）

昂貴價 = 當期股利 ╳ 30 （約等於殖利率 3.3%）

我們以「京鼎」（3413）的股利政策為例（見圖 2-8），這是一家連續五年有配發股利的公司。我們以當期的股利來看，便可以知道它的股價到底算什麼位階。

京鼎的便宜價 = 7 元 ╳ 15 =105 元

京鼎的合理價 = 7 元 ╳ 20 =140 元

京鼎的昂貴價 = 7 元 ╳ 30 =210 元

有些基本面派的專家用「十年股利的平均值」來測試，我覺得是有問題的。因為他用的範例剛好是完整的資料。事實上，有很多公司的歷史資料不足 10 年，怎麼平均？此外，還有些公司並非年年發股利，這又怎麼測試？所以，「大道至簡」，用簡單方法作參考即可。

圖 2-8 京鼎（3413）的股利政策

發放年度	現金	股票	合計
2019	7	0	7
2018	6	0.5	6.5
2017	4	0.5	4.5
2016	4	0	4
2015	1	0	1
2014	0	0	0
2013	0	0	0
2012	0	0	0
2011	0	0	0
2010	0	0	0

* 連續5年配發股利

圖片來源：台灣股市資訊網

接著，我們來看圖 2-9，在此一日線圖上的高點 221 元，顯然就太貴了（超過 210 元），於是股價便有了回檔的壓力。

圖 2-9 京鼎（3413）的股價評估圖

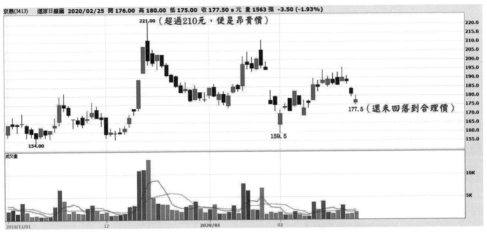

技術面學派如何算出股票的目標價？

我們前面說過，本益比有三種：已知本益比（「過去的獲利狀況」與目前股價的比值）、預估本益比（「未來獲利目標」與目前股價的比值）、相對本益比（「相對於同行或市場」與目前股價的比值）。它們可以算合理的股價和目標期望值。

事實上，「預估本益比」是一門相當專業的學問，也是來自對「公司未來獲利能力」——也就是未來 EPS 判斷的能力。通常是公司高層或內部主管才比較可能掌握。外頭的投資人往往必須「深入虎穴」透過採訪、打聽等各種手段，才摸得準。如果想輕易從免費網站求得，並不容易。然而，目標價的自我評估，常影響各人抱股意願的時間長久，以及投資的成效。所以，也不能不想辦法。

技術學派最厲害的地方，就是從線型去評估上檔的空間有多大。用這種方法去測出目標價，通常是有統計學的學理根據。即使不合邏輯，至少有為數不少的技術學派人馬相信這一套。因為有那麼多人信這一套，那麼大家都這樣認為（會到達某一個價位），於是便造成了可能性。例如現在某一檔股票是 18 元，結果技術派算出目標價可到 33 元，於是就有極多人會繼續抱股下去，那麼就有機會繼續朝這個目標前進。

要練習計算一檔股票的目標價，先要懂得股票分為上漲、下跌以及盤整等三個方向。先要學會畫線：

請看圖 2-10，圖中兩個相對的低點加以連線並延伸，就可以畫出一條「上升趨勢線」。然後，我們再看其中用虛線框起來的部分，那就是一種

橫向（或稱為橫盤）趨勢。

再請看圖2-11，在圖中所畫的趨勢線上，有低點，也有次低點，在這條往上延伸的線上，只要不跌破趨勢線（即股價收盤價低於這條線），都是買點。一旦跌破上升趨勢線，就是賣點。當然也有「假突破」或「假跌破」，但只要是三天內（觀察以三天為限）都沒有再站上「上升趨勢線」，都算是「真跌破」。後市果然就會跌得更低。這就是利用趨勢線選擇進、出場點位的方法。

再看圖2-12，在圖中連接兩個高點（頂點）的上下兩條線之間，可以說就是一個盤局（橫盤趨勢），在碰上這個盤局中的上面一條線（水平線）時，如果沒有跨越，這條線就會成為壓力線，如果跨越、站上，那麼這條線就又變成「支撐線」了。在壓力線之下，是賣點；在支撐線之上，是買點。

圖 2-10 上升趨勢線的畫法

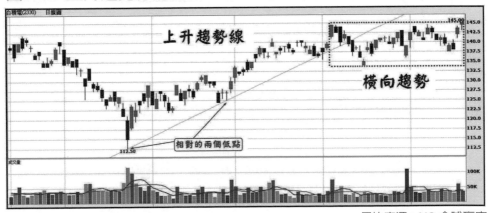

圖片來源：XQ 全球贏家

圖 2-11 上升趨勢線的進出場點位

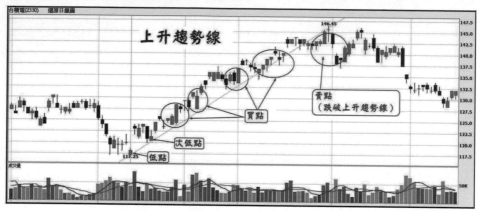

圖片來源：XQ 全球贏家

圖 2-12 水平線上的支撐與壓力

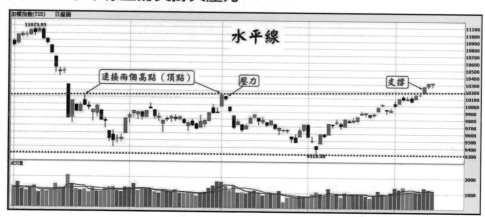

圖片來源：XQ 全球贏家

　　至於如何從線型去研判目標價的計算方法，請看圖 2-13，圖中的 ❶、❷、❸、❹，是在一條線上。這叫做「頸線」。由 ❻ 畫出一條與「頸線」平行的線，叫做「底部」。我們可以看到 ❼ 也在 ❻ 延伸線的上方，但位置比較高。也就是說，❻ 才是此一行情的最低點。

　　當行情從 ❶ 走到 ❻，是下跌行情。再從 ❻ 走到 ❷，是上漲行情。再

從 ❷ 走到 ❼，則又是下跌行情。但當從 ❼ 走到 ❹ 的點位時，行情已形成「W」的型態，並且突破了頸線的 。

到了 ❹ 之後，有時會「過關拉回」（一般叫做「回測」）。如果來到頸線的 ❺，而不破線的話，一般就會向上攻到 ❽ 的位置。這個 ❽ 的位置，就是「目標價」的所在。

如圖所示，假設從 ❶ 下跌到 ❻ 的價差是 18 元。那麼，沒有跌破頸線的 ❺ 到 ❽ 的距離，大約也是 18 元。換句話說，從底部到頸部，一旦突破，可能會有一倍的向上空間。

圖 2-13 個股目標價的計算法

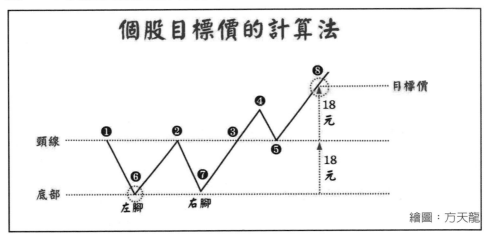

以鴻海為例，實際測試目標價

請看圖 2-14。我們以鴻海這張日線圖來作說明，讀者可以舉一反三，在其他的個股上，都能以同樣的方法去測量目標價。圖中說到一根「關鍵紅 K 棒」，這根紅 K 棒，突破了 81.5 的高點，就會向上發展，走出一個「主

升段」的行情。那麼，往上有多大的空間呢？依前所說，就這樣計算：

81.5-70.7=10.8………底部到頸線的距離

81.5+10.8=92.3………目標價

果然，那一波行情最高就來到 93，再來就空間有限了。

技術指標有時很準的，因為技術派高手都是這樣算的。當有這麼多技術派的高手這麼算，影響所及，就更準了！

我常常看股票專業軟體裡對股價的「機構評等」，某月某日XXX投顧評等，不論「中立」、「持有」、「加碼」或「買進」，通常都有一個「目標價位」。有幾次，我偶而用如此的目標價測定法，去算算看該檔股票往上的空間。不料發現我的答案和資料上的數據竟然是一樣的。可見大型機構的專家們也是這樣算出來的。如果你也學會，那你也是專家了！

圖 2-14 鴻海目標價的示意圖

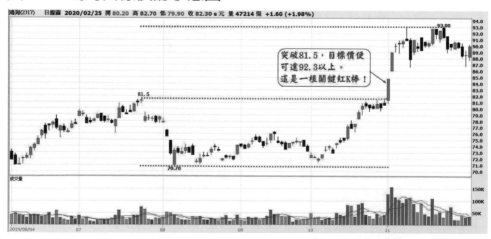

圖片來源：XQ 全球贏家

如何從「籌碼細節」，
來彌補技術研判的不足？

前述尋找目標價的方法，在上漲行情或下跌行情時，都可以舉一反三、依樣畫葫蘆。惟有盤整行情，比較麻煩些，只能以「箱型理論」來處理它，到底部就買進，到頸部就賣出。如此周而復始，直到箱型的「慣性」被改變了。

大抵來說，當目標價不好找時，可找「支撐」或「壓力」點位；目標價不準確時，必須用籌碼面來補技術面的不足。

例如圖 2-15 的「宏達電」（2498)、圖 2-16 的「中纖」(1718)、圖 2-17 的「佳必琪」（6197），這樣的股票為什麼從技術面就無法測出未來的目標價了呢？因為沒有大主力（包括法人）進場的關係。其中的大量，有時是短線大戶在玩當沖而已。沖來沖去，就產生不了什麼大行情。

圖 2-15 「宏達電」（2498）的月線圖

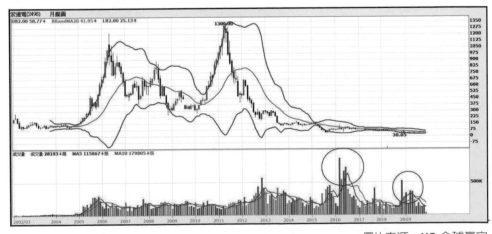

圖 2-16 「中纖」(1718）的月線圖

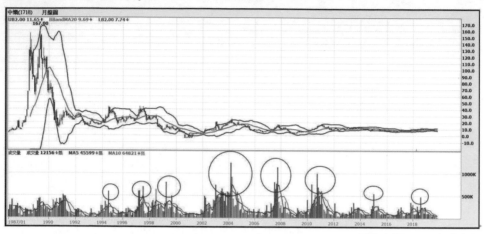

圖片來源：XQ 全球贏家

圖 2-17 「佳必琪」（6197）的月線圖

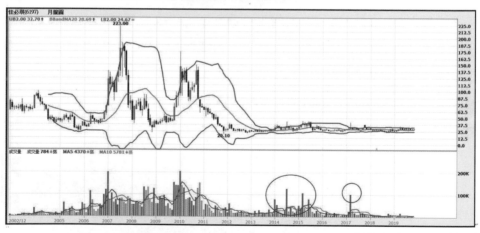

圖片來源：XQ 全球贏家

中纖的故事，是籌碼面比技術面重要的最好實例

早年，台灣錢淹腳目的時代，台股真是「牛氣沖天」！當時沒有什麼監視制度，也沒有像現在這麼多管理股票的懲治辦法，幾乎完全放任市場自由發展。記憶猶新的是有一檔飆股「中纖」，從 11.9 元起漲，幾乎天天漲停板，大約 40 元左右打開過一次，再來就是 60 元左右再打開一次，然後就一路狂飆到 156 元才結束飆漲，這樣的技術線型，能夠使用得上技術分析嗎？

近年做研究時，我才把所有細節全弄清楚了：

一、中纖在飆漲之前一度下市→次年，先減資又增資→重新上市。開紅盤日，開 11.9 元，最低就是 11.9 元，當天並以 12.5 元最高價作收。

二、中纖 11.9 元起飆→ 7 個月後，156 元出貨，漲幅 13.1 倍！雖非歷來最大，卻最成功。輿論嘩然，後來主力卻因證據不足被釋放了。其實，不只這一檔，觀看歷史資料，那些年代農林與工礦，包括後來的國壽等金融股，都是大飆股。從底部算起另加除權配股的價值，漲幅都 50 倍以上。

三、在中纖的飆漲過程中，它的技術分析完全失靈了。它的漲勢，可說是一頭怪獸。一波到底，中間絕少休息，更不分什麼波段了，這與艾略特的波段理論（多頭市場）完全風馬牛不相及！

四、這些情況，技術分析派不上場，只能從籌碼分析加以理解。

圖 2-18 中纖狂飆七個月的線圖

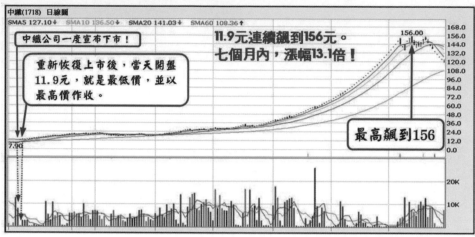

圖片來源：XQ 全球贏家

圖 2-19 中纖的技術線型

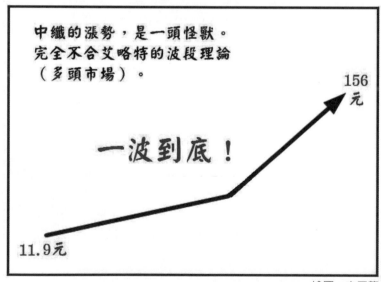

繪圖：方天龍

圖 2-20 中纖的技術指標全部鈍化

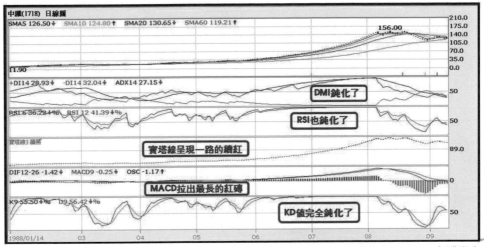

圖片來源：XQ 全球贏家

圖 2-21 中纖的下跌三波，合乎空頭市場波段理論

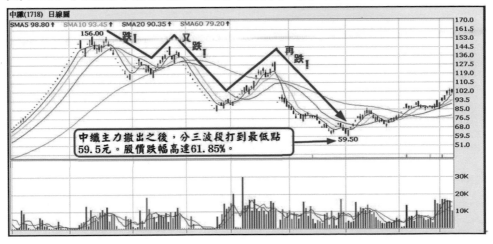

圖片來源：XQ 全球贏家

績優與獲利孰先？主力想的和你不一樣

根據筆者的經驗值，真正狂飆的股票偏偏與公司形象無關，爛股居多。近年的台積電，卻是個異數！

散戶與主力思維不同之處，常是散戶喜歡選擇公司形象好的股票，可是偏偏好股票不飆，飆的卻是糟糕的公司。

以中纖來說，它也曾經是個好公司，可是在它形象好的時候，股價並未有什麼傑出的表現；反而在不好的時候，大飆特飆。

據說當年的中纖，曾經輝煌過，也曾經是股市的績優股，吸引過相當多的實力派人士，角逐它的經營權。後來，賴清添領導的中纖，不論財務結構、企業體質都相當良好，當時新光集團、南紡集團、榮興集團，都參與中纖的投資；然而兩年後，由於賴清添病倒與新光集團的向經營權挑戰，使中纖開始分裂。在當年，中纖由盛而衰，嚴格說來，不完全是能源危機與經濟不景氣造成的，真正的原因是經營權之爭。

在賴清添病倒後，由中纖總經理嚴希傑逐漸取代，並與吳火獅達成協議。但吳火獅、嚴希傑搭檔時期並不長，因為嚴希傑當時企圖心很大，加上王朝慶的介入，吳火獅只幹了一任董事長，就把這個職位讓給了嚴希傑。然而，這時中纖已遠不如當年了，公司內部的體質早已變成多病的軀殼，等到嚴希傑匆匆離職時，留給王朝慶的已經是病入膏肓、難以救藥的「問題公司」了。

碰巧1988年有半年時間，乙二醇產品的缺貨情況，使得「奇貨可居」，又再使中纖敗部復活，成了市場追金逐利、炒作股價獲取暴利的對象。據

說當時公司大股東、市場游姓、雷姓、蔡姓主力及布商，輪番介入，炒作拉抬無所不為。

市場上有關中纖 EG、資產的虛虛實實；大股東、主力之間的放空、軋空等流言不斷流傳；種種已擾亂市場視聽到不容忽視地步。中纖三十年演變史，暴露出許多的問題，它由盛而衰，又埋藏了多少不為人知的內情。偏偏在這種形象不良的時候，股價才大飆特飆！

所以，如果僅從基本面著眼的投資人，根本不會選擇這樣的公司買股票的。但當此檔股票天天漲停板時，身為散戶的你又會如何看待呢？技術面無法解釋的行情走勢，都必須由籌碼面和基本面來補足。

第 **3** 部曲

題材面、話題性與
事件操作法

某建設公司在楊梅附近推出的「陽光山林」別墅區，剛開始時賣得很辛苦。因離臺北太遠，阻礙了顧客前往參觀的興趣。

為此，公司特別籌謀對策，思考如何切入，才能突破這個難題？

有位高手經過嘔心瀝血的策劃後，提議先建網球場，舉辦各項網球比賽並且和全國網球協會合作，免費提供場地設備，將重要的比賽移往「陽光山林」舉行。

在建築工地辦球類比賽，尤其是類似網球這種高級的運動，當然很能吸引運動員及愛好者前往。此舉利用場地之便，讓有購買力的中上階層客戶也有機會現場參觀。

當品質一流的網球場建成，並陸續舉辦了多項重要的比賽之後，「陽光山林」這個本來門可羅雀的工地，每逢假日便車水馬龍，人潮不斷；本來乏人問津的別墅也一幢幢地賣出去了。

📈 「由上而下」和「由下而上」的選股法

前面發生在台灣的真實故事，我記憶猶新。該標的物地點離台北確實很遠，記得小時候曾隨家人前往。當時是以郊遊的心情去玩的，不料卻發現一個新天地。那兒有露營烤肉區，有網球場，而且一圈圈的房舍和別墅在半山腰上，整齊排列，蔚為奇觀，給人一種「陽光山林」的隱居氣象，當時真的很吸引我們。回家後，還有一段時間常常提及，覺得那真是一個很好的「度假」環境。

當時，我們全家人都在台北上班、上課，當然不可能每天通車往返，

所以並未購買當地房產。但建設公司設法把人拉到現場的用意，卻完全實現了。

做股票的「切入點」和這個故事非常相似。有時候，題材面、話題性與新聞事件，都可能成為我們選股的方向。有了好的切入點，也常常造成操盤的順心順利，甚至把自己的抱股時間延長了。

首先，在筆者的教學過程中，有一個問題常有人提到，那就是：我們應該先從了解大盤的結構，然後再去選想要交易的個股？還是直接選個股就好了？反正大盤不論是多是空，總是有一些個股是和大盤逆勢的，不是嗎？固然「順勢操作」是一個鐵則，但有時逆勢選股也是對的，也有很高的成功率！

其實，這正是當年筆者剛剛考進報社，身為一個記者從基金經理人那兒學到的「第一堂課」。操盤人告訴我，股市的選股方式分為兩種，一種是「由上而下」，間稱為 Top-Down 的選股法，意指以總體經濟方式，找出影響股市脈動的主要因素，進而分析對各產業影響，選擇具潛力產業後，再逐一細部研究最佳投資標的。

第二種，則是「由下而上」，簡稱為 Bottom-Up 的選股法，意指特別重視「個別公司股票」的挑選，對於所屬產業並不特別重視，致勝關鍵在於能尋找到「物美價廉」的公司。

事實上，Top-Down 選股法的投資方式，是一種投資分析。索羅斯、羅傑斯可說是這種選股方式的代表人物，而 Bottom-Up 選股法的投資方式則以葛拉罕、巴菲特為首，班傑明·葛拉漢 (Benjamin Graham) 是華爾街公認的證券分析之父，也是巴菲特 (Warren Buffett) 的老師。

　　然而，以上這兩種投資分析，不論什麼派別，績效都非常優越，可見得，沒有最好的投資方式，只有最適合自己的投資方式。

圖 3-1 「由上而下」和「由下而上」所涵括的範圍

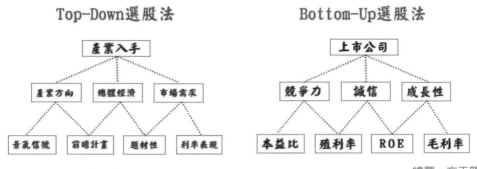

繪圖：方天龍

　　Top-Down 選股法，涉及總體經濟的認識與了解，同時要研究前瞻計畫、產業方向、市場需求，尤其是題材性如何、利率表現如何，景氣信號如何，範圍相當廣闊。

總體經濟與景氣對策信號

　　總體經濟預測是非常專業的學問，2020 年根據台灣經濟研究院的報告，首先論及國際情勢，包括美國、歐洲、日本、中國、韓國、東協的情況，都要先有所論述，然後才談到國內的情勢。接著，提到「展望」和「預測」。最後才根據廠商問卷調查及工業產銷等相關資訊，對個別產業未來半年的景氣趨勢，作出綜合判斷。根據此一報告，我們得知：

　　● 12 月轉壞，未來半年較 12 月看壞之產業：木竹製品業、機車零件製造業、餐旅業。

● 12 月轉壞，未來半年較 12 月看好之產業：視聽電子產品。

● 12 月轉壞，未來半年維持持平之產業：皮革毛皮製品、人造纖維製造業、機械設備製造修配業、金屬工具機業、機車製造業。

● 12 月持平，未來半年較 12 月看壞之產業：紡織業、紡紗業、電信服務業。

● 12 月持平，未來半年較 12 月看好之產業：織布、非金屬礦物、水泥及其製品、電子機械、電子零組件業、自行車製造業、精密器械、銀行業、保險業。

● 12 月持平，未來半年仍維持持平之產業：總製造業、冷凍食品、飼料業、印刷業、化學工業、塑橡膠原料、化學製品、塑膠製品、陶瓷及其製品、鋼鐵基本工業、螺絲及螺帽、產業機械業、通信機械器材、資料儲存及處理設備、運輸工具業、汽車零件、育樂用品業、營建業、批發業、運輸倉儲業。

● 12 月轉好，未來半年較 12 月看壞之產業：石化原料、汽車製造業。

● 12 月轉好，未來半年較 12 月看好之產業：紙業、自行車零件製造業、證券業。

● 12 月轉好，未來半年仍維持持平之產業：食品業、屠宰業、製油、製粉及碾穀、不含酒精飲料、成衣及服飾、石油及煤製品、橡膠製品、玻璃及其製品、金屬製品、金屬模具、金屬建築結構及組件業、電力機械、電力機械器材製造、電線電纜、家用電器、一般土木工程業、建築投資、零售業。

圖 3-2 營業氣候測驗點

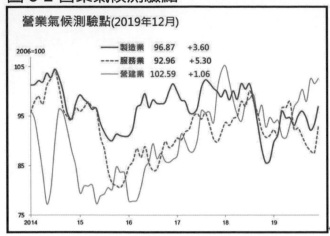

資料來源：台經院總體經濟指標預測

　　至於「景氣對策信號」，也是作 Top-Down 選股法的人必須注意的訊息。那麼，怎麼知道相關的數據呢？可以查詢國發會的網站，直接在這個「景氣指標查詢系統」網址搜尋：https://index.ndc.gov.tw/n/zh_tw#/

　　見圖 3-3，圖中已經標明：16-9 分，算是「低迷」；22-17 分，屬於「轉向」；31-23 分，是穩定；37-32 分，也是「轉向」；45-38 分，則是「熱絡」。所以依照這個標準，近期算是「穩定」了。

　　不過，「景氣對策信號」的公告期限是每個月月底。根據我從前寫「定期定額手冊」時採訪的經驗，每月月底的景氣對策信號，如果跌破 17 時，投資人不妨開始進場，對台股基金進行定期定額投資，然後持續扣款到景氣對策信號突破 30 時，全部出清，並保持空手到下次景氣對策信號再跌破 17 時，才開始定期定額扣款。

　　這項經濟指標其實都是對大盤買賣點的暗示，也可以據以在「台灣

50」（0050）等股票上作為操作參考。

圖 3-3　景氣對策信號及分數

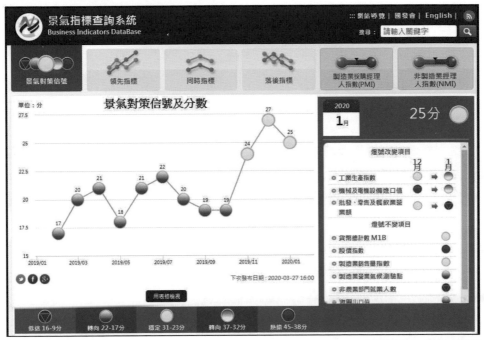

資料來源：國發會網站

如何從熱門、主流產業切入強勢股的新思維

Top-Down 選股法的投資方式，對於一般投資人來說，可說難度很高。尤其知道總體經濟、景氣對策信號、市場需求、利率水準之後，似乎與實際的股票操作與獲利，還有一段距離。不是嗎？

但是，如果提到 Bottom-Up 的選股法，其中揭櫫的「公司負責人的誠信與形象」、「公司的成長率與競爭力」，甚至大家比較容易查到資料的資訊，例如「本益比」、「毛利率」、「殖利率」、「ROE」（股東權證報酬率），那大家就比較「有感」。

這些資料，其實還是屬於基本面的範疇。我認為最重要的是要知道公告的時間點。因為一項重要的資訊一旦公告，往往會影響到股價的變動，造成一個「事件」的誕生。如果用得好，我們不僅可以從技術線型或籌碼關係，獲得「做多」與「做空」的啟示，也可能因而獲利。這才是「投資」或「投機」的目的。

股價所以會上漲，主因是有主力介入、籌碼集中、營收亮眼。因而以下的時間點應該有所知悉：

表 3-1 財報公布時間

	證交法規定	公佈期間	確切日期
年報	每會計年度終了後 3 個月內	每年 1～3 月	3 月 31 日前，發布去年年報
半年報	每半會計年度終了後 2 個月內	每年 7～8 月	
季報	每會計年度第一季及第三季終了後 1 個月內	每年 4 月及 10 月	
月營收	每月 10 日以前	每月 1～10 日	

　　至於上市櫃公司每月 10 日之前固定會公告的「營收」，多半會讓人「一葉知秋」。因為我們可以從它是否比上個月成長幅度高、比去年同期成長幅度好、是否創了新高？是否比市場預期的高或低………等等數據中，加以解讀，然後決定該買該賣。

　　又例如：每年 1 月 31 日前（屬自願公告），會有公司自結年度損益。我們也能從比較不好的公司提前推算出數字，列入放空標的名單中，3 月 15 日就可執行放空。過去，這樣的成功案例也不少。

　　每年 2 月，一般來說，上一季的季報也已經出來了。我們可預先推估去年年報的獲利好壞。如果以正式的規定，每年 3 月 31 日前，各公司都該發布去年年報了。

　　事實上，每一季的季報，以往都是股價震盪最劇烈的月份，其中的意義包括獲利、毛利率成長或衰退的幅度如何、比市場預期高或低，都很重要。

　　此外，「集保戶股權分散表」在每一個月的第一天公布，這點也有必

要知道，因為集保中心公布的「集保戶股權分散表」，可以看到持股「千張以上大戶」人數的比例。當我們從籌碼面來觀察一檔股票時，這個比例如果低於 40%，則表示籌碼太渙散；超過 80% 的話，表示籌碼太集中（等於大股東自己在領股息），其他投機者不願參與，這樣也不好！最好是介於 40 ～ 70% 之間的股票，較有「籌碼集中」的優勢！這是關心「籌碼面」的人必須注意的。

至於「內部人持股」的資訊多久變動一次呢？所謂「內部人」指的是「董事、監事、經理人、持股 10% 以上的大股東、關係人（配偶等）」，按規定是前述這些人士應於每月 5 日前，將「上月份」持有股數變動及設解質情形，向公司申報；公司應於每月 15 日前，彙總辦理申報。因此每月的 6 ～ 15 日，要關注持有股票的內部人持股比率。如果公司「內部人持股比率」突然暴增 ... 代表股價可能要飆了，所以這樣的資訊當然不可不知。

其實，選股和操作是股票經營最重要的事。當你還是新手的時候，確實很容易陷入「聽明牌」的老路。可是，當你開始懂一點技術分析皮毛時，常常會開始依照技術線型去選股。然而，當你發現技術分析的方法有時也不靈了。左思右想不知問題出在哪裡的時候，就會悟到「籌碼面」才會解決你的困惑。

舉一個例子來說，請看圖 3-4，華新科（2492）的線圖如此，請問下一天的走勢，應該是漲還是跌？

圖 3-4 華新科（2492）的日線圖

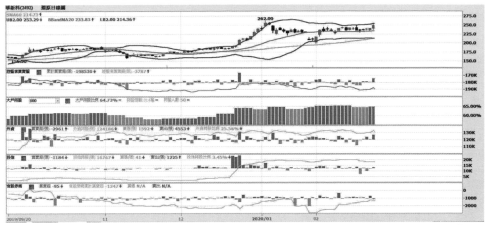

圖片來源：XQ 全球贏家

從技術線型來看，次日應該是續漲，比較合理。理由是：

一、它正處於多方格局中，股價已站上了月線，也就是最近 20 天買進的投資人都是賺錢的。

二、從最後一天的「控盤者買賣盤」來看，已經連 4 漲了，這天的收盤還突破了 28 個交易日（不含當日）以來的最高點。

三、千張大戶持股已逐漸增加持股到 64.73%。

四、最後一天，外資和投信同步買超。也就是關鍵性的兩大法人的持股都不低。

五、官股券商持股也已、從 2 月 1 日的低檔區至今增加持股不少。

這是從圖 3-4 華新科（2492）的日線圖看出來的小結論，可是，接下來的行情，卻出乎意料之外的連跌兩天：

圖 3-5 華新科（2492）日線圖

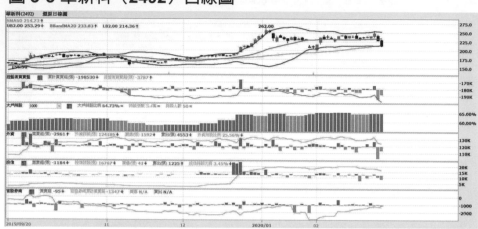

圖片來源：XQ 全球贏家

為什麼連續兩天的開高走低呢？原因是：

一、俗稱「大盤」的加權指數（TSE）也是連跌兩天。

二、時值疫情嚴重的投資環境，人心惶惶，不利股價向正面發展。

三、由於大陸封城情況、與對岸息息相關的電子廠多半尚難以復工，人們對未來營收的預期失望。

四、從圖 3-6 可以看出，同一時期的大盤已處於空頭格局，且已在法人最重視的季線（60 日線）之下。

五、外資在大盤的日線圖上，已呈現「連 6 賣」的局面。

六、投信在大盤的日線圖上，也呈現「一買一賣、買少賣多」的空頭現象。

七、官股券商一向是與外資對作的多。近期的「連6買」，也只代表政府資金有在護盤的跡象，但仍無法挽救大局。加權指數甚至已跌破了布林通道的下軌。技術線型相當悲觀！

八、從圖 3-7 可以看出，與華新科同屬於 MLCC 類股的「國巨」的表現，也完全一樣連跌兩天。

九、其實不僅如此，同一日的 MLCC 類股的股價表現，也可說是一片愁雲慘霧。

十、同日 MLCC 類股中，無一上漲，並有一檔「禾伸堂」（3026）是跌停的。

圖 3-6 同一時期的加權指數（TSE）的日線圖

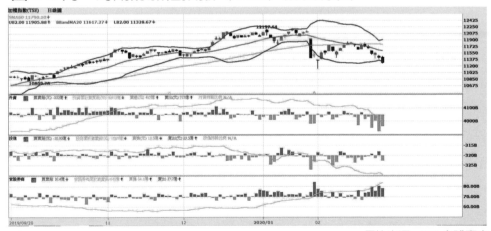

圖片來源：XQ 全球贏家

圖 3-7 同一時期的「國巨」（2327）的日線圖

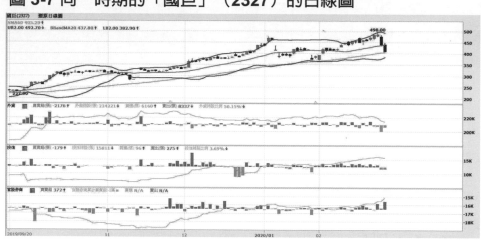

圖片來源：XQ 全球贏家

類股齊漲齊跌，是操作股票的觀盤重點

這裡要解釋一下，什麼叫做 MLCC 類股？

積層陶瓷電容器 (Multi-layer Ceramic Capacitor,MLCC) 是陶瓷電容器的一種，陶瓷電容分成單層陶瓷電容與積層陶瓷電容 (MLCC)，其電容值含量與產品表面積大小、陶瓷薄膜堆疊層數成正比，由於陶瓷薄膜堆疊技術的進步，電容值含量也越高，漸可取代中低電容如電解電容和鉭質電容的市場應用，且 MLCC 可以透過 SMT 直接黏著，生產速度比電解電容和鉭質電容更快，加上 3C 電子商品走向輕薄短小特性，MLCC 易於晶片化、體積小的優勢，成為電容器產業的主流產品，約占電容產值比重43%，其次為鋁質電解電容，約 32%。

MLCC 因為物理特性有耐高電壓和高熱、運作溫度範圍廣，且能夠晶片化使體積小，且電容量大、頻率特性佳、高頻使用時損失率低、適合大

量生產、價格低廉及穩定性高等優點，缺點為電容值較小，遠不及鋁質電解電容，但因陶瓷薄膜堆疊技術越來越進步，電容值含量也越高，電氣特性也不斷改進，應用上已可以取代低電容值的鋁質電容，和價格偏高且有汙染問題的鉭質電容。

簡單地說，MLCC 它是屬於電子類股「被動元件」的一項「細產業」。包括：國巨（2327）、華新科（2492）、禾伸堂（3026）、日電貿（3090）、信昌電（6173）、蜜望實（8043）、達方（8163）等等，均為同一類股的參考商品。

圖 3-8 同一日的 MLCC 類股股價表現

電子類	▼	MLCC		▼	相關公司股價表現				
股票名稱	最後交易日期	收盤價	漲跌	漲跌幅	近一週報酬	近一個月報酬	近二個月報酬	近三個月報酬	今年以來報酬
2327國巨	2020/02/27	410.00	-31.00	-7.03%	-10.38%	-1.32%	-0.24%	21.84%	-6.18%
2492華新科	2020/02/27	213.00	-15.50	-6.78%	-9.94%	-8.19%	-2.74%	21.02%	-10.88%
3026禾伸堂	2020/02/27	101.00	-11.00	-9.82%	-14.41%	-6.91%	-11.79%	-0.49%	-12.93%
3090日電貿	2020/02/27	52.40	-1.30	-2.42%	-4.03%	2.54%	-0.38%	1.95%	-1.32%
6173信昌電	2020/02/27	60.60	-4.00	-6.19%	-9.55%	-12.55%	-13.06%	4.30%	-14.77%
8043蜜望實	2020/02/27	28.00	-1.25	-4.27%	-8.35%	-16.17%	-11.67%	-13.31%	-19.31%
8163達方	2020/02/27	37.75	-0.95	-2.45%	3.22%	11.07%	-12.11%	-3.31%	-14.30%

圖片來源：Money DJ 理財網

從以上的論述，我們可以領悟到現代股市的結構：

一、不能再悶著頭操作某一檔個股。即使個股表現再好，也要提防被「豬隊友」（指表現不好的大盤和同一類股）拖下水！

二、現在的股市征戰，多半是先要由大盤去感覺氣氛是屬於多或空，再去選個股操作，否則將是事倍功半。

三、基於「覆巢之下無完卵」的認知，多頭時期不做空、空頭時期不做多，才是王道。

四、股市的操作，越來越有「類股齊漲齊跌」的現象。

五、一定要懂得從熱門、主流產業切入強勢股，才容易成功。

新聞出現利多或利空，
會造成漲或跌的影響

很多人只知道巴菲特，卻不知道彼得林區。其實，彼得林區才是最傳奇的基金經理人，《時代》雜誌推崇他是「首屈一指的基金經理人」、《財星》雜誌譽為「投資界的超級巨星」、《投資大師》一書稱他是「有史以來最傳奇的基金經理人」。彼得林區於 1977 年至 1990 年間管理的富達麥哲倫基金，其資產規模由原本的 1800 萬美元，以平均每年成長 75% 的上升至 140 億美元，基金投資人數超過 100 萬人，成為當時全球最大的股票基金，其投資績效更是世界第一。

彼得林區最為人津津樂道的就是「生活選股法」，他認為趨勢通常潛藏在生活當中，只要仔細觀察平日食、衣、住、行、育樂活動，就可以發現相當多的投資機會，而且愈平凡、商機愈大。他的意思是，很多選股的題材往往可以從日常生活消費中，獲得靈感。其實，不只是彼得林區，巴菲特也是「生活選股」的投資大師，他買可口可樂、卡夫亨氏、吉列刮鬍刀………等等，無不出自於從生活的消費觀察中，得來的啟示。

在彼得林區的《彼得林區選股戰略》一書中，也提到很多生活選股的故事。但是，我們可以進一步想見，「新聞」出現利多或利空，甚至比你自己更快感受到股價的衝擊。例如他書中也提到要留意「內部人買進的公司」。換句話說，那就是要注意「內部人持股」的增減。根據我個人的經驗值，股價真的會說話，至少在技術線型中會最先呈現出來。我們不需要「內線交易」，也可以從籌碼的用功研究中窺見端倪。

內部人持股比率，決定股價噴出的契機

2017 年 7 月 17 日，台南 -KY（5906）董事會通過以 2.87 億元併購台灣斐樂。這表示未來 10 年將授權 FILA 台灣區製造與銷售。於是，當時台南 -KY 發言人陳自紅強調，台灣斐樂營業額近 5 年營業額在 6 億～ 9 億元、獲利 2,000 萬至 5,000 萬元，併購案 FILA 運動品牌有助市場版圖擴大，營收有望倍數增長，目標力拚虧轉盈。

請看圖 3-9，當台南 -KY（5906）董事會通過以 2.87 億元併購台灣斐樂案時，股價大約 8.90~12.42 元之間，股價並未有太大的變化。原因是「內部人持股」並無太大的增減。可是，到了 2019 年 12 月就有非常大的變動了。請看圖 3-10，內部人持股創新高之後，股價就噴出了！短短半個月之內，竟然最高來到 26.7 元的高點！漲幅至少九成！您說，「內部人持股」的變化，是不是很重要呢？

取得知名運動用品品牌 FILA 台灣區代理權，台南 -KY 初期以服飾銷售推廣為主，上個月它還宣布透過旗下子公司，與另一家知名鞋類品牌經銷商合資設立新公司「鴻延」，希望強化鞋類經銷拓展，準備讓公司業績拉出長紅。

台南 -KY 本來是從事品牌服飾產銷，2004 年到大陸成立冠嘉（上海）服飾公司，推出成熟女裝品牌 emely，之後又成立另一年輕女裝品牌 Emely Sweetie。2011 年，該公司開始代理知名韓系服飾品牌 VOICE OF VOICES（簡稱 VOV）之後，營運有改善。2016 年，又進一步引進韓國年輕潮牌 G-cut，經營重心逐漸從自創品牌移轉到代理韓系品牌。經過多年發展，冠嘉在大陸的品牌知名度與市場通路就更強了。

但是，近幾年對岸經濟情況轉壞，服飾市場競爭非常激烈、韓系品牌不再風光，營運績效轉弱，從大賺變成虧損。該公司只好逐漸把重心移回台灣。2017 年取得義大利知名運動品牌 FILA 在台代理商斐樂公司，就是一個新的開端。2019 年，台南 -KY 再納入經營台南著名文創古蹟百貨—林百貨的高青時尚公司，版圖擴張到百貨業。

台南 -KY 近來動作頻頻，以重新檢視大陸市場經營策略為由，宣布提前終止代理韓國品牌 VOV，並於第 4 季認列商譽價值的資產減損 166 萬美元（約新台幣 5,063 萬元），衝擊每股獲利 1.68 元。不過，法人以「利空出盡」解讀，認為台南 -KY 丟掉包袱，有利明年之後獲利提升。

不過，這些資訊意義並不大。因為營收都是「落後指標」，只有「內部人」原意把自己的持股比率拉高，我們才能看出背後的意涵。

圖 3-9 台南 -KY（5906）還原月線圖

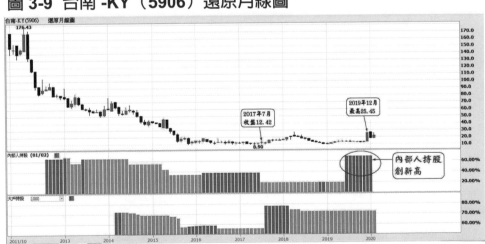

圖片來源：XQ 全球贏家

圖 3-10 台南 -KY（5906）還原日線圖

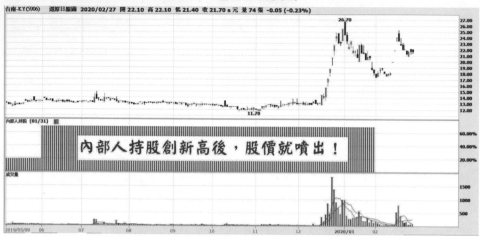

內部人持股創新高後，股價就噴出！

圖片來源：XQ 全球贏家

心理線和人氣指標所顯示的意義

在我們的技術分析領域中，有一種「心理線」，它很少為人們所用。因為如果使用參數「25以下就買進，75以上就賣出」這麼簡單的思考模式，一定會認為不準的。所以，久而久之，人們多半不太愛用它。其實，它的意義是滿好的。

其實，股市中的所有活動，常常由「人氣」來促成。當一檔股票要上攻時，是真的還是假的，看「人氣線」就知道了。請看圖3-10，在前述台南-KY（5906）的故事中，當內部人持股有大的變動時，其實「人氣指標」也告訴我們股票要動了！圖中方天龍的「人氣指標」的「紅磚」會越來越長，直到再度縮短或不見了，也就是該賣出的時候，因為人氣已散了。

圖 3-11　台南 -KY（5906）還原日線圖

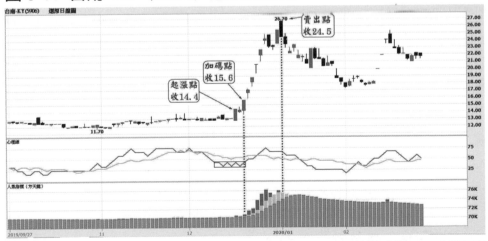

圖片來源：XQ 全球贏家

　　心理線的用法，有時需要靠一點想像力（或目測力），而不是依死板板的「數據」而作多空因素的判定。所謂「大勢所趨、人心所向」這八個字，是我給這條線的獨家詮釋。若能這樣想，心理線就是一條「人氣線」。它的理論基礎是：研究某一段期間內投資人趨向於「買方」或「賣方」的心理，來作為我們交易股票的根據。

　　一般來說，心理線的參數是隨各種股票專業軟體的不同而有不同的「內建」設定。至於我使用的「XQ 全球贏家」，其參數是 12 和 24。我雖無從得知其原始設計的機密，但根據我自己的研究，反推出它的設計原理，驗證後果然和它的結果得到一樣的答案。於是我自行列出它的公式：

$$PSY = 有上漲的天數（N日內）／ N * 100$$

　　當一段往上漲的行情展開之前，通常超賣現象的低點會連續出現（見圖，心理線框起來的部分）多次，承接向下滑落的腳步，然後向上揚升。有點像籌碼沈澱之後，伺機發動。

　　雖然我們多半把 25% 視為超賣，把 75% 視為超買，但心理線的超買或超賣，只代表股價可能已來到高點或低點，卻未必是絕對該買或該賣的點位。因為如果太迷信這些數據，有時會交易在半山腰，不是過早進場，就是太早賣了。尤其是小型股有人為炒作，超越 75% 以上的機會很大，如果賣出太早，就會漏失一段行情。不過，寧可早買，也不要早賣。圖中的 W 型態，搭配後來的黃金交叉，可看出必有一段行情的展開。

意外高配息，達爾膚吸睛又吸金

　　題材面、話題性與事件的操作法，常常來自於新聞。而新聞出現利多或利空，會造成漲或跌的影響。所以，一個專業的投資人應該多從生活中

尋找靈感、多從新聞中發掘題材。

舉例來說，「達爾膚生醫」（6523）2019 年 12 月 24 日董事會決議通過，將以資本公積發放現金股利 10 元，按照當天收盤價 66 元計算，現金股息殖利率高達 15%，會算的人就知道這是難得的機會，不宜放棄。即使盤前掛市價，也該買進！果然從次日起，「達爾膚生醫」股價就連續飆漲。短短幾天就衝上 105.5 元的高點，漲幅高達近六成。

股本才 4.5 億的達爾膚，本來專注於美容事業，從醫美診所起家，後來該公司董事長（兼總經理）吳奕叡創立 Dr.Wu 品牌攻保養品一戰成名，2016 年上櫃，但後來積極布局大陸市場卻遇到營運低潮。公司 2016 年前是每年每股可賺 7 元以上、甚至一個資本額以上，但 2017 年第 2 季開始營運陷入低潮致每股純益僅 0.37 元，內部定調當年度為調整年，力拚通路庫存去化後逐步回溫。當時陸客來台人數減少，間接影響內銷市場，加上藥妝通路清理庫存與上架調整，費用率拉高，都是當年度獲利銳減、每股純益掉到 3 元以下的原因。

展望 2020 年，大陸方面線上通路會以阿里集團平台為主，包括天貓、跨境、淘寶，其他如京東、唯品和小紅書等也將並進，線上搭配線下，全力衝刺銷售，希望拿下更高市占，提升品牌價值，營運力拚打平。台灣方面穩定發展，2019 年線上成長約一成，預估線上加線下將有個位數成長。

我們看圖 3-11，達爾膚生醫（6523）在利多宣布前，人氣指標就越來越細，一旦發動攻擊，「紅磚」立刻拉長、變寬，好像在通知我們進場，心理線也明顯黃金交叉了。這說明進場時間已到。有了好的進場點，什麼時候賣出就不重要了，因為勝券在握！

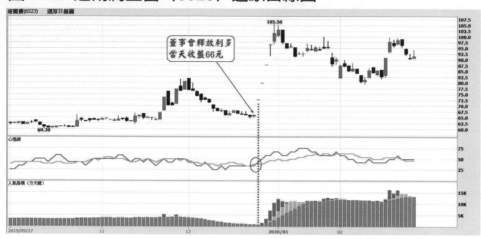

圖 3-12 達爾膚生醫（6523）還原日線圖

圖片來源：XQ 全球贏家

受惠抗疫需求，南六暴衝飆高

2019 新型冠狀病毒（俗稱「武漢肺炎」）疫情延燒，造成意外的天災人禍，也形成了股災，可是，卻有些個股連續飆漲。這也是「事件選股法」、「生活選股法」的極致表現——選對了做多的股票，仍然可以大賺一波。就看你有沒有想像力、能否在「痛苦殘餘中尋找力量」！

這股「力量」，主要來自於防疫概念族群口罩缺貨！不織布廠於是有了產品的「市場需求」，表現亮麗！

其中，不織布大廠南六就是「疫情受惠」廠商。股價自 133.5 元附近急漲，短短幾天，就飆到 210 元，漲幅近 6 成。

「南六」（6504）生產的不織布，除自用外，也賣到對岸大陸去，如抗菌濕紙巾等物；此外，醫療用手術衣布，具「三抗」功效——包括防水、

防酒精、防血液滲透，並獲歐規 EN 13795 和美規 AAMI 等認證。該公司目前主要出貨給外資企業於大陸設立的手術衣加工廠，由於大陸目前尚未大量採購拋棄式手術衣，針對疫情控制，預期短期市場需求將大幅增加。

歷經多次轉型的「南六」，算得上一家老字號的公司了。它是亞洲最大水針不織布業者，許多知名國際品牌都是南六的客戶。南六在兩岸都有生產據點，除深耕兩岸市場，也擴大布局至印度、越南等東南亞區域，預估未來三年內將陸續到位帶動營運翻揚。目前南六在台灣有橋頭廠、燕巢廠；大陸有浙江平湖廠；印度正在設廠，下半年可以投產。

「南六」的股本只有 7.26 億。所以發生「口罩缺貨」，飆漲的速度特別快。不過，法人認為，南六燕巢新廠效益可望於 2020 年第 2 季後較明顯，所以未來應該也有長線的競爭力。

請看圖 3-13，當事件尚未發生時，心理線和人氣線都是平平的，只有在事件發生時，才產生一些技術面的變化。至於圖 3-14，是筆者自設參數，讓心理線更敏感，更容易找出買賣點。

圖 3-13 南六（6504）還原日線圖

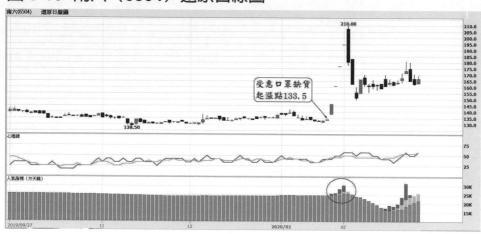

圖片來源：XQ 全球贏家

圖 3-14 南六（6504）還原日線圖

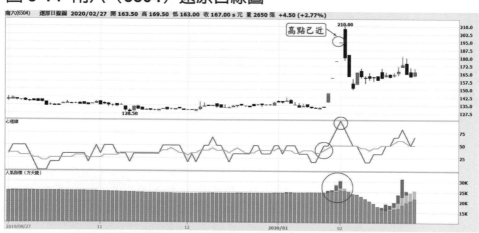

圖片來源：XQ 全球贏家

第 **4** 部曲

選股法有沒有交易聖杯

謀略家鬼谷子有一次對徒弟孫臏、龐涓說：「今天你們比賽吃饅頭，誰能吃到較多饅頭，就算誰贏！」他規定，每次最多只能拿兩個，吃完了才准再拿。師父一掀開蒸籠蓋子，比賽便開始進行了。

龐涓搶先抓起兩個饅頭大吃起來。

孫臏失了先手，可是，他冷靜地看了一下籠內，還剩三個饅頭。他做了一個和龐涓完全不同的選擇——只先拿了一個吃起來。

龐涓暗笑孫臏是輸定了。

可是，當龐涓吃到只剩半個饅頭時，孫臏的那個饅頭已吃完了，接著，他立刻抓起僅剩的兩個饅頭慢慢吃起來。

結果呢？龐涓總共只吃了兩個饅頭，而孫臏卻吃了三個。最後的贏家是孫臏！

新手如何選股？從何處著手？

前述的故事，常常令我想起象棋的寶典《橘中秘》，其中有所謂「棄馬爭先」的棋譜。高手讓人一匹馬，然後雙方競逐棋藝，結果仍然輕易打敗對手。他是如何如何由劣勢（少了一匹馬，實力較小）轉為優勢，最後還讓對方拱手稱臣的呢？

原來高手是利用少了一匹馬的漏洞，反而讓「車」這個殺手出來得更快，對敵方有更大的威脅。所以，化缺點為優點，這就造成更大的契機。換句話說，象棋高手在不利的地方變成了「先手」棋。這就完美的選擇方

法。孫臏的故事也是如此，利用少吃一個饅頭的缺點，變成更有機會搶先抓剩下的兩個饅頭，最後變成勝利者。

勵志作家常說：「人生，就是一連串的選擇。」選擇的結果，關係著一切事物的成敗。我們願意做個怎麼樣的人、會得到什麼樣的結果？追本溯源仍決定在一個「選擇」。假設人人都希望成功，而有人真的成功了，那也多半由於選擇了一條正確的路；有人雖然非常努力，卻因方法不對，老是陷在歧途，摸不到門路。所以，「選擇」是需要智慧的。

選股有策略，才有正確的導航能力

股市的選股法也是如此，選出來的股票，關係著我們的優勝或劣敗、獲利或虧損。但是，在決定選股法之前，要先考慮「策略」一事。正如孫臏的故事一樣，要懂得規則，才能適時「投機」一下；要講究方法，才能快速達成贏家的任務。選股法的策略，就是要先決定多項的策略，才能訂出「必勝」的方法。

於是，選股是有策略的。重點如下：

一、要先知道時代環境的背景，才能訂出該站在多、空哪一邊。

選股法，先要分「做多」（看多、偏多）選股，還是「做空」（看空、偏空）選股。換句話說，先要看你的目標是看好個股的未來會上漲，還是下跌，才能談到選股。所謂「多頭市場不做空，空頭市場不做多。」這就是順勢操作。

投資自己，是非常重要的心法。在股市，為了賺錢，要傷腦筋；不幸賠錢，更傷腦筋。要想不傷腦筋。方向就要做對。然而，究竟是不是做對？

則有待投資理財知識的提升。例如每個人一生會遇到好幾次市場崩盤的機會，你能不能掌握機會，不是靠運氣，而是在考驗你平常資產配置的基本功有沒有做好，以及有沒有累積足夠的理財知識，否則就不配談什麼「危機入市」。

台股經過那麼多年的考驗，已經比較穩定。一般來說，危機入市的機會並不會太多。假如市場偏多，你卻選出放空的個股，那很容易被軋了！假如市場訊息非常不利多頭——例如 2020 年「武漢病毒」肆虐、疫情影響了人類的所有工作、妨礙了所有人的上班下班、損耗了所有上市櫃公司的營收，那麼在「偏空」氣氛濃厚的情況下，你卻執意選做多的股票，那就很容易被修理了。

在多頭市場卻逕自在選擇空頭股，和在空頭市場中還拚命在找多頭股，都是股市輸家的特性，不足為訓。

二、要先懂得大盤與個股的位置，才能訂出所選的個股適不適合進場。

人生最大的價值，就好像一塊石頭。如果你把它擺在菜市場上，只值 20 元；如果把它擺在博物館裏，就值 2000 元；如果把它擺在古董店裏，可能值 200,000 元。平臺不同、定位不同，價值觀就會截然不同！股票的位階也一樣重要。

懂得大盤與個股的位置，才能訂出所選的個股適不適合進場。所謂「定心、定法、依法」就是指每個人都要找到適合自己的操作方法，這就叫「定法」。有了方法就有固定的心態，這叫「定心」。最後才能守紀律、安定地執行自己的操作方法獲利了結。

例如假設台股的大盤現在是 2 萬點，可是一上 2 萬點就被賣壓打下來，

周而復始、循環不已,就是無法攻過山頭,那表示上2萬點的位階太高了。個股也是一樣,假設某一檔個股,最近20日已經漲幅30%了,那麼縱然被你選出來,確實是一檔飆股。可是,究竟適不適合進場了?恐怕「報酬」與「風險」是同時存在的。高手也許還能「富貴險中求」,而新手可能因傻傻抱股而長期套牢!

請看台股的「熱映」(3373)這一檔飆股,它從14.95元的近期低點,在短短4個月內,就飆上62.9元的高峰,漲幅高達4.2倍,堪稱「妖股」了!即使被你依「選股法」的條件選出來,到底適不適合再介入呢?

圖 4-1 「熱映」(3373)的還原日線圖

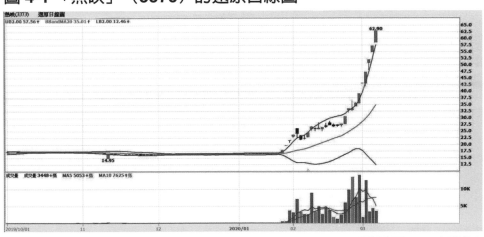

資料來源:XQ 全球贏家

請看「恆大」(1325)這一檔飆股,它從15.4元的近期低點,在短短兩個多月內,就飆上41.85元的高點,漲幅高達2.72倍,其飆升的速度可比「熱映」更快,也堪稱「妖股」了!那麼,它適不適合再介入呢?

「多頭行情上半場，阿貓阿狗都會漲；多頭行情下半場，買錯就被抬出場。」你肯定自己在這樣的高點進場，不會摔得鼻青臉腫嗎？

圖 4-2 「恆大」（1325）還原日線圖

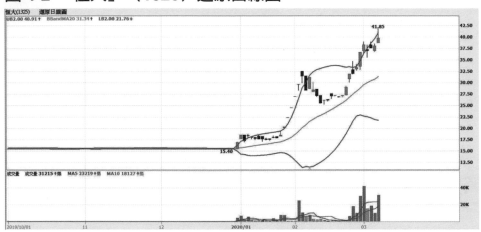

資料來源：XQ 全球贏家

在短線上，這樣的飆股已經不適合新手再介入了。因為「熱映」（3373）的 20 日乖離率已達到 79.65% 了，「恆大」（1325）的 20 日乖離率也已達到 26.85%，都需要休息了。新手選到這樣的飆股再輕易介入，就很容易遭到「短套」。「熱映」是「體溫計」的產業，「恆大」是「不織布」的產業，一旦疫情獲得有效的控制，它們的狂飆大約就會結束。新手如果不注意賣出時機，有可能由「短套」變成「長套」！

基於「強者恆強」的定律，「熱映」和「恆大」在一、二個月之後儘管繼續有更高價，但那是有耐心的高手可以掌握的，絕非不懂技術分析的新手的「菜」，因為您並不了解如何在賣出後找到重新介入的時機。

三、先認清自己的身分，才能找到適合自己的「選股法」。

我們都知道，知音難尋，有效的選股法更難找。有的人乾脆就直言「世上並沒有最好的交易聖杯！」確實如此，同一檔股票，有人賺到爆，也有人慘兮兮。完全因人而異。上班族有上班族的選股方法，專業投資人有專業投資人的選股方法。能整天看盤的人，適合做當沖，就有適合當沖的選股法；上班而無法全程盯盤的人，可能就不適合玩當沖，以免盲人騎瞎馬，失敗機率高。

此外，習慣做長線、做「存股」者，也有他們的選股方法和報酬期望值；短線操作者，也有他們的選股方法和報酬期望值。這是不可能相同的。

強勢股是必然的交易聖杯嗎？

「投資股票要切實了解公司的經營情況，不可被一些不實數字所矇騙。」這是基本面派的講法。技術面派不那麼麻煩，他們直接說：「黑貓白貓，能抓老鼠的就是好貓；不管 A 股 B 股，能夠賺錢就是好股。」所以，技術面派的選股法就簡單得多了。看看線型，就能進場；看看線型，也一樣能夠出場。但是，技術面碰壁的時候，籌碼面可以幫你找到人為炒作的因果關係，解除走勢發生變異的迷惑。

例如大家都說，買強勢股就一定會成為贏家！雜誌媒體確實舉了許多積財幾千萬的年輕人為例。他們多半以買強勢股造就一生的財富。強勢股最強的就是「一字型跳空漲停股」一價到底了。這真是一股難求，無疑是新聞利多造成的「惜售」現象。筆者一向也是以「強勢股」為選股方向。但是，如果不注意新聞有時也會錯失良機。

請看圖 4-3，當武漢病毒初起時，「毛寶」（1732）就一馬當先，連飆 6 根漲停！這樣的連續跳空，真讓人措手不及，買都買不到！這就是新聞事件造成的「一字型跳空漲停股」，可遇而不可求！

圖 4-3 「毛寶」（1732）還原日線圖

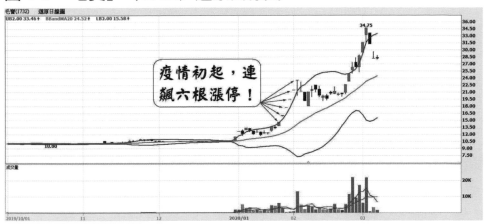

資料來源：XQ 全球贏家

　　不只是「毛寶」（1732）連飆漲停，「防疫概念股」在新聞事件的發酵下，也有其他個股如出一轍。請再看圖 4-4，「恆大」（1325）連飆 5個漲停，也是疫情下的「受惠股」。

圖 4-4 「恆大」（1732）還原日線圖

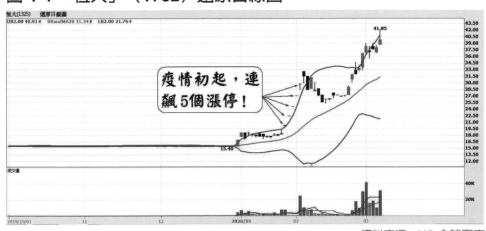

資料來源：XQ 全球贏家

隔日沖大戶主導這個世代的股市行情

事實上，時代一直在進步中。主力的技法，如今已今非昔比。從前那一套「養、套、殺」的傳統主力手法，早就落伍淘汰了。現在這個速食的時代，短線盛行，很多飆股都是一日行情，因為主力就是隔日沖大戶。

依我一年 365 天都在股市沙場征戰的印象，舉目都是隔日沖大戶、當沖大戶。他們正是目前股市的一號男主角。挾龐大的財力，頂著一顆敏銳的腦袋瓜子，哪裡有魚哪邊釣，幾乎無役不與、無往不利。最令人佩服的是，他們非常長於設下陷阱，讓散戶跳。

他們非常了解散戶喜歡「猛藥」，只要線型漂亮就往上跳。於是，他們會用資金畫下最精彩、最適合做多的線型，以吸引散戶進場，以便倒貨。

舉例來說，請看圖 4-5，2020 年 1 月 30 日，是台股的開紅盤日，不料加權指數卻暴跌 697 點，跌幅高達 5.75%，這是大盤極少見的大長黑！然而，在這樣的情況下，卻有一檔股票的線型逆勢向上，而且呈現「一字型跳空漲停」的強勢盛況，這檔股票叫做「高端疫苗」（6547）。

請看圖 4-6 和圖 4-7，這兩天「高端疫苗」（6547）的行情就非常詭異。「高端疫苗」在長期的均線糾結和盤整走勢中，於 2020 年 1 月 30 日竟然突破均線糾結，以跳空漲停之姿，創新高價。理論上，這是極佳的買點，但第二天追高的投資人卻都套住了。為什麼呢？因為被大戶倒貨了！

所以，美好的線型如果沒有經過籌碼的了解，很可能就遭到不測和意外。

圖 4-5 加權指數 2020 年 1 月 30 日暴跌暴跌

資料來源：XQ 全球贏家

圖 4-6 高端疫苗（6547）2020 年 1 月 30 日的強勢盛況

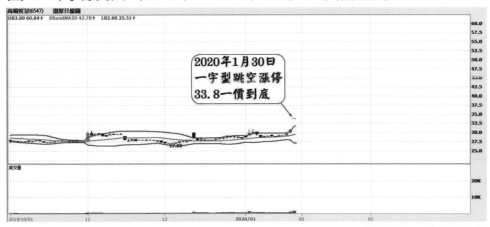

資料來源：XQ 全球贏家

圖 4-7 高端疫苗（6547）漲停次日被倒貨

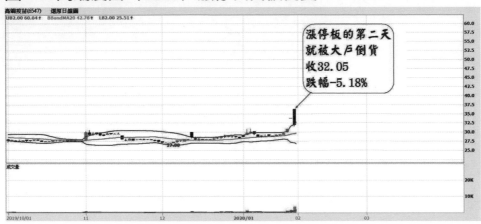

資料來源：XQ 全球贏家

獨家揭開主力逆向操作的坑殺手法

天天在股海征戰，讓我感悟到主力就和新型冠狀病毒一樣，不斷在進化。我們如果不小心翼翼地提出對策，恐怕無法適應新局。

我最早發現主力會「逆勢操作」，是泰國人卜松波給我的靈感。是他的一番話，給了我的啟示。他是暢銷書《泰勞靠權證8萬變千萬》的作者。據該書內容稱，他有一段「苦情的前半生」，後來因為在台股找到一種選股法而獲利滿滿，幾年下來就賺了一千萬元，還擁有一位漂亮的台灣老婆。

那麼這一套選股法，可是相當吸引人的。原來是利用認購權證交易，在「兩種訊號、一條軌道」情況下決定進場時機，這一招讓他終於暴得大富，改變成「歡樂的後半生」！

做權證，當然還是脫離不了看股票的技術線型。他的進場時機就是：當股價的布林軌道「上軌道」和「下軌道」已經收縮，且出現第一根帶量變盤訊號的股票；另一種是有機會在今天創新高或創新低價的股票。

請看圖 4-8，在這張「大立光」的還原日線圖中，卜松波就是買在上下軌收縮後變盤向上的長紅日。在過去，這招無往不利，但現在主力會「逆勢操作」了！

後來，我有一次在臉書 PO 文時，忽然接到卜松波的訊息。我對這位陌生名人主動熱情的私聊，有點受寵若驚，後來才知道是有人向他推薦我，可以向我請益股票的事。原來他當時做權證，突然不順起來。經過揣摩了解，我知道莊家果然耍狠了，常常利用股價停滯不前時，大砍權證價格，美其名是「調降隱波率」，其實「球員兼裁判」的莊家，總是有理由坑殺

圖 4-8 卜松波的買點示意圖

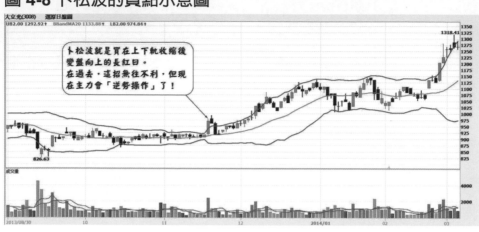

資料來源：XQ 全球贏家

投資人的。要改變他們很難，因為官方比較保護權證發行商（莊家），所以我們只有自己想辦法。

現在卜松波已經轉換跑道了，多半改做「個股期」，這樣才不易被不合理的權證造市，氣壞了身體。（正常的情況，應該是莊家必須去買股票避險，而不是從虧待權證投資人來牟利）

其實，只要股價強勢，權證發行商（莊家）就比較沒有理由修理權證投資人（他們買避險股票一樣可以從股價上漲而獲利），主要的問題是股價盤整時才會危險。

那麼，為什麼讓卜松波暴得大富和大名的那一招不靈了呢？就是因為現今的主力會「逆勢操作、坑殺散戶」。厲害的主力深知「布林壓縮站上高軌的那一天拉漲停，次日極好出貨」，因為很多人會追價！

誘殺多單，主力出招打的是心理戰

有太多的案例證明主力的「逆勢操作」（利用投資人的買進時點反向倒貨）。以下就是其中一個案例，請看圖 4-9，許多他們刻意拉的長紅，都是主力誘殺的多單。再看圖 4-10，英業達（2356）每逢站上布林通道高軌都容易下來，反而不是買點。圖 4-11，F- 昂寶（4947）也不例外，站上布林通道高軌，不必然是獲利保證了。因為主力打的是心理戰，誘殺多單，多半就在你認為的買點上。

這樣的例子多得不勝枚舉。通常我在為人作「持股健診」時的正確流程是：分析研判（這是主觀的判斷）。檢驗（股價會告知答案）。修正（續抱、加碼或停損等等）。當股價和我們預期的走勢不同時，就要從主力的慣性去作研判。市場永遠是對的，順市場則生，逆市場則亡。只有不斷修正自己、迎合市場者，才是贏家。

圖 4-9 雙鴻（3324）還原日線圖

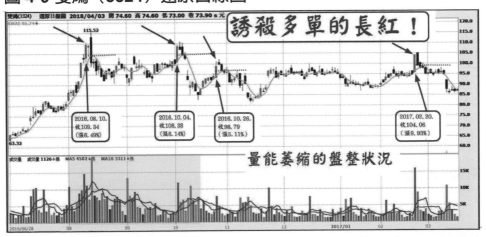

資料來源：XQ 全球贏家

圖 4-10 英業達（2356）日線圖

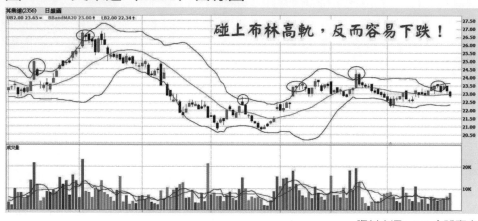

碰上布林高軌，反而容易下跌！

資料來源：XQ 全球贏家

圖 4-11 F- 昂寶（4947）日線圖

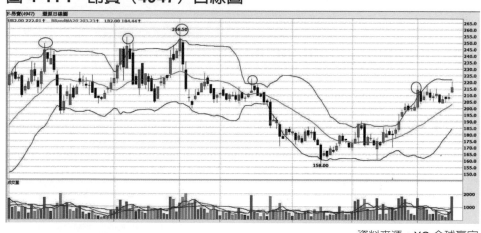

資料來源：XQ 全球贏家

過前高，也可能迎來死神

隔日沖大戶新的模式，就是利用「過前高」出貨，尤其是第二次或第三次「過前高」時出貨。

第一次你「過前高」就賣了，結果股價不跌反上，你踩腳扼腕，甚至反空為多，結果一直沒有收割。第二次或第三次「過前高」時沒賣，就被出貨了。如果碰到某些著名的狠角色，就被坑了！

過前高，未必是買點，在加權指數的情況亦然。有時候，「過關拉回」反而是常態。

舉例來說，請看圖 12 和圖 13，某日加權指數連日大漲後，大盤以黑K 作收（收盤價 > 開盤價）並且創新高，次日不但不宜買進，甚至還可以放空：

圖 4-12 加權指數過前高

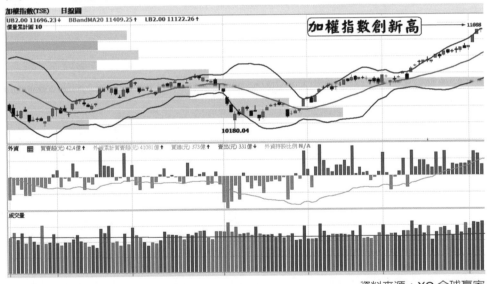

資料來源：XQ 全球贏家

圖 4-13 加權指數過前高後的回測

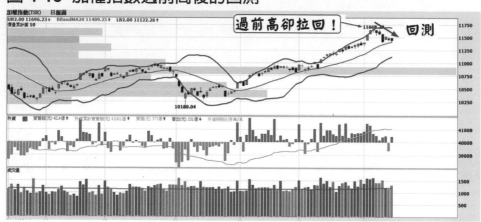

資料來源：XQ 全球贏家

這種情況，在個股上的當日走勢更屬於常見。在做當沖時，「過前高」是否買點，也很難預測。這也就是短線難以捉摸的主因。

另有一種說法：「KD 高檔鈍化後，回檔不破前低，再漲會過前高。」意思是說，KD 高檔鈍化後，回檔不破前波的低點，一旦它再漲上來，將會再跨越前波高點。這就是「頭過，身就過」的理論基礎。

其實，我們不只從「還原日線圖」，可以看到主力逆向操作的痕跡（我蒐集的案例至少幾十起），從當天走勢也常常可以發現主力殺盤相當凶悍。請看圖 10 和圖 11，「大同」(2371) 在盤中變化多麼險峻！在圖 10 中，如果你看盤只看到一半，一定以為當天的「大同」（2371）盤中居然回升到跨越前高（平盤以上）。殊不知，後半場竟迎來了死神！

過前高，往往是我們的買點，可是「逆勢操作」的主力可以在瞬間把股價殺到跌停板！你看過嗎？

既然如此，那麼，過前高一定就是買點嗎？新手一定看傻了！

圖 4-14 前半場，「大同」向上趨勢明顯

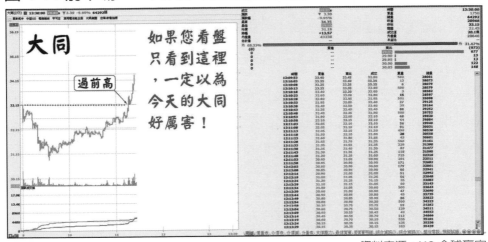

資料來源：XQ 全球贏家

圖 4-15 後半場，「大同」瞬間被打到跌停板

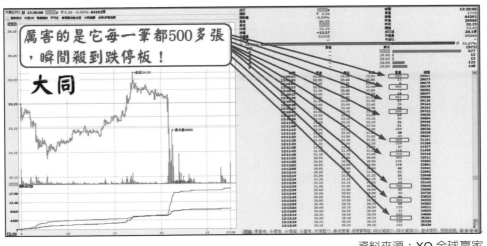

資料來源：XQ 全球贏家

催命口訣：跳空、拉高、打下！

喬治 · 索羅斯說：「一位真正優秀的投資人，不在於他是否永遠是市場中的贏家，而在於他是否有勇氣，從每一次的失敗中站起來，並且變

得更加強大！」近年股市難做，是因為過去太好做了，大家都以為股市可以不研究就「隨便買、隨便賺」。很多人由於小小的失敗，就埋怨技術分析「不準」，或傳統所學的股市知識「不對」。

其實真正不對的是，失敗者把股市提款看成可以「不勞而獲」。索羅斯還說：「世界經濟史是一部基於假象和謊言的連續劇。要獲得財富，做法就是認清其假象！」是的，一定要花時間研究主力的心態，同時也要注意主力的「變化球」。知己知彼，才能百戰百勝！

我在不久前在一次「方天龍講座」中，就獨家揭開主力操作的流行坑殺手法：跳空、拉高、打下！

當時我舉了相當多的例子來說明主力這種「坑殺」散戶的流行手法，屢見不鮮。請看圖 4-14 大綜（3147）的最後一根 K 線，它在開盤時是強勢跳空的姿態，很容易抓住追強勢股的人的注意。不僅如此，它開盤跳高之後，還以強大的追價力量（連續出現多筆大買單），將股價急拉而上。這時，更吸引有「買高賣更高」想法的當沖客進入「搶短」，可是動作慢的人可能會吃癟，因為收盤時這檔股票已呈大跌狀態了！

簡單地分析主力的動作就是：以跳空方式把盤開高（跳空），再把股價急拉而上（拉高），等人氣足夠之後就一路倒貨（打下）。

隔日沖大戶現在都流行用這種手法在出貨，非常自然而隱密，成功率極高。而追高的散戶經常失察，被套住之後還不知如何中招！

圖 4-16 大綜（3147）的最後一根 K 線

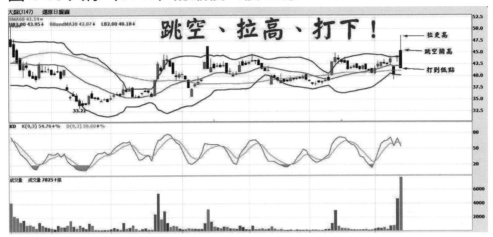

資料來源：XQ 全球贏家

一網成擒的飆股選股法

現在，許多證券公司的網頁看盤軟體都有類似「智慧選股」的篇幅，經常有人問我如何設定？

這個問題得看你使用手機 APP 有什麼「選股條件」。因為即使你有某些選股的特殊方法，如果「智慧選股」沒有設定這些條件也枉然。「如何建立自己的選股法」，就只好依你所擁有的看盤下單軟體來決定了。

不過，大致上選股條件的設定選項，不外乎：從型態、趨勢、移動平均線、K 線，以及各種技術指標著手。其中最常見的是均線選股法。

曾經有人說，使用 20 週均線一條線就能放諸四海而皆準。也有人說選用 20 個月均線，更能在長期效能上達成多頭使命。可是，這些都是中長期的看法。如果短線操作，坦白說，光看日線就很足夠了。如果想要「看長作短」，也頂多參考一下「週線」即可。

很多高手的參數都不一樣的。股市教父胡立陽先生有一次在請我吃鐵板燒時向我表示，當年他在美國擔任美林證券老總的時候，很多老外都以10 日或 10 週為停利或交易均線，效果也很不錯。所以，什麼參數的應用，並沒有標準答案。各人喜歡就好！

我最為人所知的是 3、5、8 均線的特殊均線組合，我不少學生告訴我，358 均線幫他們賺了不少錢。其實這只是早期的發明：以 3、5、8 為短線操作的參數，以 8、21、55 為中期的參數。後來，我還發現更多、更巧妙的參數組合。驗證、比較、測試，發明，始終是我的興趣。

根據經驗值，選股條件最好別太嚴苛。有些新手喜歡又用月線，又用週線，還用日線去選，結果在一個選股策略中把條件訂得太完美，最後一檔也選不出來。

　　比較合乎邏輯的是，一圈圈地包圍所選出來的個股，然後像「剝筍」似的一層層往裡探索，盼能找到最理想的個股。

　　不過，這種篩選法我試過，並不容易。問題是當你用第一種條件選出後，因為條件太寬鬆，往往選出七、八十檔，要一檔一檔的檢視又太麻煩，同時也失去使用程式選股的意義。

　　其次，當你又第二種縮小範疇的條件繼續篩選時，固然選出的個股數量變少了。可是如果再往裡剝筍地縮小範圍，原先的條件仍然保留，結果卻會把原先所選出的部分個股給弄沒了。尤其越往裡剝，將會發現原先選出的內容，變了。無法持續存在。

　　我想，這大概就是「交易聖杯」不容易由一項程式來完美達成任務的關係。或許只能部分程式，加上部分人工的觀察和判讀，而不能畢其功於一役。

火網交織、滴水不漏，仍可能有漏網之魚

　　後來，我終於想出了一種方法，就是「一網成擒的飆股選股法」，也可以說是一種「雞尾酒的選股法」。釣魚的人再怎麼厲害，也比不過捕魚者的收穫大，是吧？我曾經看過不少捕魚者的操作，真的是速度快多了！

　　大約每一週，我都會把上星期五的「盤後選股」選出來，提供「臉友」（FB 的好友）參考。幾年下來，已經有固定的一批讀者欣賞。有時我忙

得沒有時間整理所選個股，仍有「愛用者」提醒我分享。他們都表示有期待感，而且也從中獲益不小。

我每週刊布於臉書分享的「一網成擒的飆股選股法」，是利用「XQ全球贏家」（股票專業軟體）的選股模組，把我獨家創設的選股策略（每個策略包含多個選股條件）用程式解決。由於是應用我的各種策略交叉篩選、然後淘汰重複的個股，就像火網交織，便可將飆股一網打盡。

我的選股策略非常多，曾經多達 80 種，後來經過不斷驗證、去蕪存菁，慢慢濃縮成 73 種左右。因為訴求的點不同，所以才能一網成擒。舉例來說，有從不同的均線組合選出的，也有是從「起漲點」著眼的，有的是從「價量關係」、「K 線組合」或「多頭型態」選出的，也有是從「布林通道」的位階選出，有的是前一天很強、這一天突然洗盤（我稱為「虎落平陽」）的個股，也有一些是從 KD、MACD 等指標的買進訊號設定去選出來。………總之，各種策略都是訴求不同、選股條件有異，才能達到「勿枉勿縱」擒下飆股的任務。我的臉書網址是：https://www.facebook.com/profile.php?id=100010871283091

圖 4-15 方天龍臉書經常分享「盤後選股」

資料來源：XQ 全球贏家

漲幅排序，聲東擊西逮出新標的

事實上，我的選股法雖然很容易把近期可能的飆股一網打盡，但新發動的飆股也不是沒有。那是無法掌握的漏網之魚。例如我是根據上星期五之前的個股表現挖掘出來的全部飆股，在本星期一開盤後，仍可能會有主力大戶新布局的飆股，是我選股中沒有的。

您覺得失望了嗎？錯了！那出現在當天「強勢股」族群中而被我「盤

後選股」遺漏的，正好可以引起我們新的注意力。所以，我的選股也有這個優點，區隔出新的飆股，反而容易找到新的標的。因為有別於我選的個股，更值得注意它的動向。尤其當那檔飆股有「續航力」時更好。

至於如何使用我的「盤後選股」？上過我的課的人都知道，這裡再提示一下新讀者：

一、在星期一開盤後，用漲幅排序。

二、從當天漲幅 2% 以上的個股開始注意。

三、後來居上（漲幅在盤中慢慢超前）的個股要特別注意。

四、量能擴大的要優先注意。

五、和當天的「強勢股」對照，我「盤後選股」沒選出來的強勢股更要注意。

第 **5** 部曲

逆向思考與順勢操作

動物學教授，很用心地觀察各種雞類的生活形態。

有一天，他在樹林裡發現一隻山雉生了好多蛋，就悄悄拿了幾個蛋帶回去。剛好有一隻母雞也生蛋了，他把母雞生的蛋取走，換上山雉的蛋。母雞看到蛋不一樣，猶豫了一下，但是很快地就去孵這些蛋，既溫柔又謹慎，好像在孵自己的蛋一樣。

後來，小山雉破殼而出。母雞帶牠們到樹林裡，自己用爪子將土撥開，尋找土和樹根之間的小蟲，然後咕咕地叫著那些小山雉來吃。

教授看了好驚訝！因為以前這隻母雞生的小雞，都是餵飼料；這一次，母雞居然知道讓小山雉去吃自然界中的食物。

教授又拿了一些鴨蛋讓母雞孵化，母雞一樣耐心地把鴨蛋孵化成小鴨，然後帶著小鴨到水池邊，讓小鴨在水裡游泳。

教授明白了——人類認為愚蠢、沒有感情的雞，其實是既有愛心、又有智慧！牠僅幫忙孵蛋，就能瞭解新生命的習性，並帶領牠們學習天賦的生存技巧。

科斯托蘭尼的金蛋圖

前面的故事，啟示我們要有愛心、耐心、細心。股市是我們的衣食父母，常懷感恩之心是必要的。不能說對工作職場的老闆畢恭畢敬、戰戰兢兢，對老闆交代的任務孜孜矻矻、勤奮不懈；而對於能帶給您財富的股市，卻只聽明牌、懶於學習，對於講座課程漫不經心、著作內容愛看不看，卻妄想不勞而獲，平白撿到「天上掉下來的餡餅」。

我認為對於股市的功課，應該有一份關愛才行。要付出耐心、細心去努力思考和操作，才會得到應有的報酬。天下絕沒有白吃的午餐，一份耕耘，才有一份收穫。但我們常常見到的是「魯蛇」們毫無付出，卻對收入有極高的期望值。這是非常不合理的。其實，在操作股票的過程中，也應學前述故事中的母雞，要很細心地分辨股市的趨勢和多空動能，才能作最好的選擇和安排。

在學習技術之前，有幾個非常重要的理論基礎一定要有，其中之一就是科斯托蘭尼的「金蛋圖」不能不懂。這是一個基本的門檻。

逆向思考，抓住趨勢脈動就能贏

有人把德國股神「科斯托蘭尼」稱為「德國的巴菲特」，實在令人啼笑皆非。因為巴菲特（Warren Edward Buffett）生於 1930 年，比起生於 1906 年的「安德烈 · 科斯托蘭尼」（André Kostolany Warren Edward Buffett），可以說是後輩晚生。怎麼把「科斯托蘭尼」稱為「德國的巴菲特」呢？把它倒過來，讓巴菲特稱為「美國的科斯托蘭尼」還差不多！不過，他們兩人同樣有名，投資屬性卻不相同。巴菲特追求的是長期穩定的獲利，尤其特別強調要用時間複利來達到財富倍增。他甚至說，「如果你不願持有一檔股票 10 年，最好連 10 分鐘也不要持有。」而科斯托蘭尼卻說，「有錢的人可以投機；錢少的人不可以投機；沒錢的人必須投機。」

科斯托蘭尼長於抓住趨勢、利用短短三季就要創造 30% 以上的獲利，儘管交易屬性一直被定位在「投機」上，但卻是個極有愛心的人。他 10 多歲開始投資，到 35 歲時就因放空大賺，贏得一生的財富、衣食無憂，但見到身邊的朋友都嚴重虧損，就下定決心從此不再做空。據說直到 94 歲逝世之前，他都是站在「做多」的一邊。

　　巴菲特如今還活著，他的「價值投資」理論雖然也有眾多追捧者，但已故的科斯托蘭尼，影響力卻比他更可以「蓋棺論定」。他的「雞蛋理論」（現在多被稱為「金蛋理論」），至今依然意義深遠，一直成為現代學者的經典之作，值得用心學習。

　　科斯托蘭尼的「金蛋理論」揭櫫逆向操作的思維，即在過熱、恐慌的下跌階段時買進，然後在上漲的修正階段繼續加碼買進，在上漲的階段，要抱牢持股，直到上漲的過熱階段、市場普遍亢奮時，才毅然出清持股。巴菲特的名句「在別人貪婪時恐懼，在別人恐懼時貪婪。」大抵頗能扣住其中的精義。

　　請看圖 5-1，科斯托蘭尼的「金蛋理論」將股市行情分 左、右兩半部。

　　一、左半部，由下而上，是屬於上升波。分為 A1（初升段）→ A2（主升段）→ A3（末升段）等三個階段。

　　AI ＝修正階段（成交量小，股票持有人數很少）。

　　A2 ＝相隨階段（成交量增加，持股人數開始激增）。

　　A3 ＝過熱階段（成交量暴增，持股人數衝到最高點，這時可稱為「頭部」）。

　　二、右半部，由上而下，是屬於下跌段。分為 B1（初跌段）→ B2（主跌段）→ B3（末跌段）等三個階段。

　　BI ＝修正階段（成交量小，持股人數慢慢變少）。

　　B2 ＝相隨階段（成交量增加，持股者人數繼續減少）。

B3 ＝過熱階段（成交量變大，持股人數漸少，交投清淡，這時可稱為「底部」）。

以上合起來，總共是六個階段。

圖 5-1 科斯托蘭尼的金蛋圖

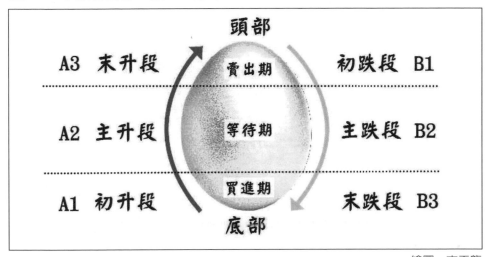

繪圖：方天龍

頭部和底部的轉折，是投機的引爆點

科斯托蘭尼的「金蛋理論」，其實是後來技術分析「頭部」與「底部」的概念，事涉型態學的基礎知識。

在型態學的「頭部」與「底部」，通常是最佳的轉折訊號。能抓到股價的轉折點，無疑就是獲取大量財富的契機。可惜一般新手不僅逮到「頭部」的位置賣出（俗稱「逃頂」）很難，在底部精準買進（俗稱「抄底」）也不容易。正如科斯托蘭尼說的，「需要一點經驗」。

「漲和跌是分不開的，分辨不出下跌的終點，就看不出上漲的起點。」科斯托蘭尼這段話，說明股票行進路線的輪迴。由此可以發展出：崩盤通常是暴漲的前導，暴漲都以崩盤收尾。

所以，從科斯托蘭尼的理論，我們可以得到如下的重點想法：

● 出現不利消息時市場並沒有下跌，就是市場已經超賣接近最低點的徵兆。

● 市場對有利消息不再反映，就是行情高點訊號。

● 下跌是若有一段時間成交量大，代表大量股票從猶豫者手裡轉移到堅定者手中。

● 成交量小但指數繼續下跌，代表前景堪慮（或悲觀）。

● 成交量小但指數繼續上漲，代表非常有利（或樂觀）。

● 先看趨勢再看選股，在上漲趨勢中再差的投機者都能賺到錢，下跌趨勢中挑到好股票都沒辦法賺錢。

● 撐過景氣循環：經驗告訴我股市中有 90% 是膽小鬼，最多只有 10% 是堅定者。

● 當樂觀的人轉變成悲觀的一天，可能就是行情反轉的轉捩點。但當天生悲觀者都變樂觀時，人們必須以最快速度退出股市。

對於市場的判斷，他也有這樣的觀點：

● 股市不是科學而是藝術，像繪畫一樣，股票交易需要那麼一點超現

實主義色彩。

● 世界需要適度的通貨膨脹，它就像一場舒適的溫水浴，但如果不斷加熱，浴盆最後就會爆炸。

● 真正有主見的人，是不需要任何理由就能謝絕邀請的人。

● 少做加減乘除，多思考，數據只是表象。

● 股市上最難做的兩件事：接受損失和不贏小利，更難的是有獨立的見解。

綜觀科斯托蘭尼的理論，我們可以發現，他並不崇尚「穩定」的報酬。因為他說：「如果你需要穩定的投資，就是買完股票後，吃顆安眠藥、睡個十年，醒來後就能得到一個高度確定性的結果。」

他又說：「交易所裡，人盡皆知的事不會讓我激動。」他顯然比較喜歡富有創意的事，所以，在「確定性」與「隨機性」中，他肯定是選擇後者。因而他堅持做股票應該要有「想像力」，畢竟「股市不是科學，而是一種藝術」才是他的中心思想。

11 年大多頭行情，終於找到破口

台股從 2008 年的雷曼事件風暴崩盤之後，到了年底的 3955 點，算是落底回升了。此後到 2019 年底，這一回升足足上漲了 11 年，堪稱一次「十一年的大多頭」。風水輪流轉，一般說「十年一輪迴」也不是沒有道理，因為在 2018 年的 10 月，就有一次大長黑出現。所幸由於總統選舉之故，行情得以延續到 2019 年年底。但是，「樹再高，也長不到天上去。」2020 年初，終於大多頭行情來不及創 1990 年（台股大盤最高 12,682 點）的新高，就因「武漢疫情」（新冠狀病毒流行）而敗下陣來了。同時，依新聞報導，全球經濟紛紛中箭落馬，台灣上市櫃公司的未來營收也預估會大受影響。台股空頭行情能否反空為多，相當悲觀。

2020 年 1 月 20 日是舊曆年的年前封關日，而 1 月 30 日則為舊曆年後的「開紅盤日」。封關日，台股大盤還看不出疫情的嚴重性，因為當天

圖 5-2 加權指數的月線圖

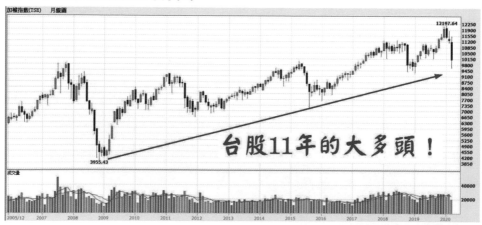

資料來源：XQ 全球贏家

還漲了 28.42 點（見圖 5-3）。不料，過年期間，不利的消息才開始不斷傳播，疫情新聞一次比一次慘重。於是，開紅盤日終於免不了一次崩盤式的重挫——1 月 30 日大盤暴跌了 696.97 點，跌幅為 -5.75%（見圖 5-4）。第二天雖小彈了 73.36%（見圖 5-5），但第三天就又繼續大跌 140.18 點（見圖 5-6）。

圖 5-3　2020 年 1 月 20 日加權指數走勢圖

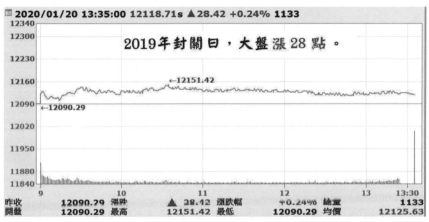

資料來源：XQ 全球贏家

圖 5-4　2020 年 1 月 30 日加權指數走勢圖

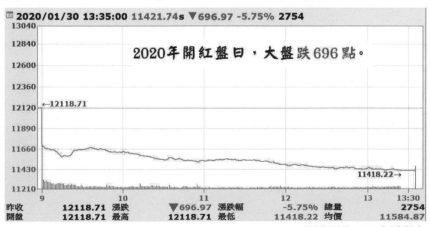

資料來源：XQ 全球贏家

圖 5-5　2020 年 1 月 31 日加權指數走勢圖

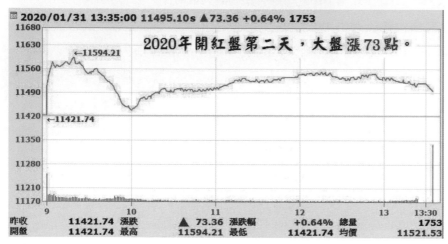

資料來源：XQ 全球贏家

圖 5-6　2020 年 2 月 3 日加權指數走勢圖

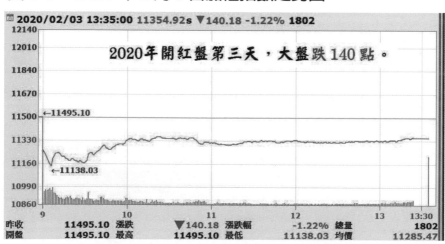

資料來源：XQ 全球贏家

實例解說：「熱映」的金蛋圖

2020 年的「武漢肺炎疫情」，是投資人始料未及的慘重情況，在舊曆年前仍若隱若現，許多投顧老師依然教大家做多，因而舊曆年後的暴跌，頗使他們覺得尷尬，因為會員都不得不停損認賠；而一些所謂的空頭大師，在年前也模稜兩可、不置可否，卻在年後暴跌千餘點，才天天作文章，炫耀自己很厲害，彷彿真以為自己是股神。事實上，抱股過年的投資人呈現的是哀鴻遍野的慘狀，即使年後才買進持股的人，若不短進短出，也恐怕處於套牢之中。

這一次「武漢肺炎疫情」可說來得又急又猛。這種冠狀病毒，為具有外套膜的病毒類型，顯微鏡下看起來，會有類似皇冠的突起，所以叫做「冠狀病毒」。WTO（世界衛生組織）是在 2019 年 12 月 31 日接獲報告，武漢市發現 40 多人感染一種新型冠狀病毒。直到 2020 年 2 月 11 日，WTO 才將這種病毒引起的肺炎，正式命名為「COVID-19」，也就是「嚴重特殊傳染性肺炎」，簡稱「武漢肺炎」。

然而，在這一段股災的行情中，有一些族群，卻是發著災難財，那就是「防疫概念股」，以及化生醫療的概念股，以及製造口罩的不織布指標股、清潔用品、保健品的股票等等。

我們以 2020 年舊曆年前後的行情來分析，「熱映」(3373）不啻為一匹大黑馬。它也是一檔「防疫概念股」，營收比重主要是耳溫槍、額溫槍等體溫量測產品。股本只有 4.33 億。所以這一波，從 2020 年 1 月 20 日舊曆年封關日收盤 17.8 算起，到最高點 62.9，在短短 26 個交易日中，股價總共大漲了 3.53 倍！（見圖 5-8）

從科斯托蘭尼的「金蛋理論」來看，「熱映」(3373) 的底部是什麼時候建立的呢？我們常見的「底部」大約包括有「頭肩底」、「W 底」、「三重底」、「V 型反轉」、「圓形底」、「潛伏底」等六種。「熱映」是屬於第六種：潛伏底。

「熱映」的潛伏底有多久呢？從圖 5-7 的熱映還原週線圖可以看出至少有兩年多了。所謂「橫有多長，豎就有多高」，所以當它一旦爆發，其噴出的力道實不可小看！六週之內，從 17.8 噴上 90 度的高點 62.9，簡直如火箭升空，殊為罕見！

圖 5-7　熱映（3373）還原週線圖

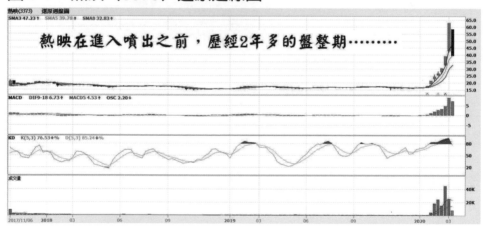

資料來源：XQ 全球贏家

圖 5-8　熱映（3373）一波大漲 3.53 倍

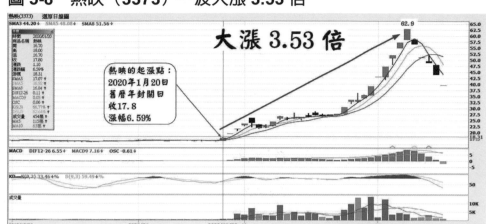

大漲 3.53 倍

熱映的起漲點：
2020年1月20日
舊曆年封關日
收17.8
漲幅6.59%

資料來源：XQ 全球贏家

　　請看圖 5-9，這是「熱映」(3373) 和「加權指數」（TSE）的比較圖。事實上，熱映在 2020 年開紅盤日（1 月 30 日）開始，就正式分道揚鑣了。2020 年 1 月 20 日舊曆年前封關日，大盤漲了 28.42 點（見圖 5-3），熱映（3373）也漲了 6.59%（見圖 5-10），然而，開紅盤日（1 月 30 日）之後，就完全不同了。

　　開紅盤日之後的三天，大盤總共暴跌了 630 點，而「熱映」(3373) 卻是連續三天收漲停板！這是最強的「三紅兵」K 線組合了。請看圖 5-11、圖 5-12、圖 5-13，從這三天的「分時走勢圖」即可看出多頭主力的堅定向上心態。

圖 5-9　熱映（3373）和加權指數（TSE）的比較圖

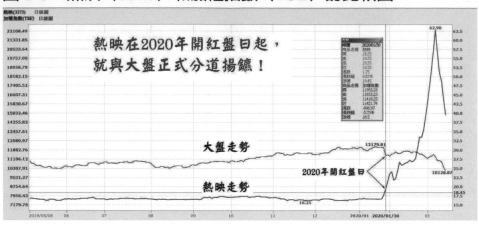

資料來源：XQ 全球贏家

圖 5-10　熱映（3373）封關日的走勢圖

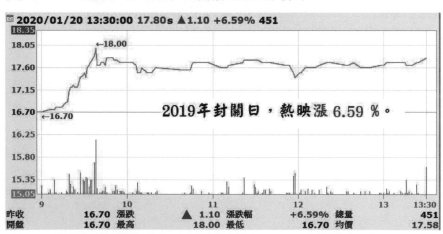

資料來源：XQ 全球贏家

圖 5-11 熱映（3373）開紅盤日的走勢圖

資料來源：XQ 全球贏家

圖 5-12 熱映（3373）開紅盤第二日的走勢圖

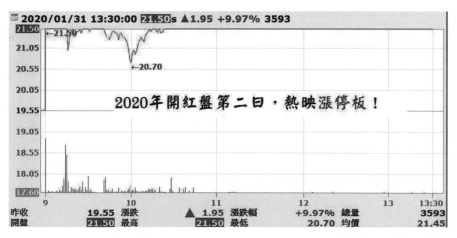

資料來源：XQ 全球贏家

圖 5-13　熱映（3373）開紅盤第三日的走勢圖

資料來源：XQ 全球贏家

頭部和底部的確立因素

前面我們說過，「熱映」的底部來自兩年多的盤整期，在這其中底部的確立有幾個因素：

一、均線長期的糾結，在 2020 年 1 月 20 日終告突破均線糾結。

二、成交量在 1 月 20 日為 454 張，為 5 日均量的 3.95 倍。一般來說，若要有行情，至少突破均線糾結那天的量，要在 5 日均量的 1.2 倍以上。

三、KD 黃金交叉。

四、MACD 的數值大於零。

五、DMI 的中期指標，已經傾向於做多。

六、Elder 多頭力道指標，連續朝向多方上揚。

七、代表籌碼指標的「吉尼系數」也慢慢偏向多頭。

八、由於它的股本較小，所以法人起初並未大舉介入，反而在高點才開始買進。部分籌碼應該被短套了。

接下來，我們也來探討「熱映」的「頭部」如何確立？惟有確立頭部成形，我們的「賣出點」才不會錯誤。請看圖 5-14，我們從各項技術指標來加以分析：

一、雖然最高點在 3 月 6 日才出現最高點，可是 3 月 3 日它的量能已經不濟了。到 3 月 6 日當天，成交量（3,448 張）甚至已小於 5 日均量（5,053 張）。它的價量關係，已呈現明顯的「價量背離」。這是最明顯的「賣出訊號」。高手如果有敏銳的警覺，這一天就可以賣出了。

二、對於一般人來說，最高點的次一個交易日（3 月 9 日）也應該賣出持股。因為 KD 已經跌破 80，不再鈍化。

三、3 月 9 日 RSI 也已經死亡交叉。

四、3 月 9 日寶塔線不再前進，3 月 10 日更要賣出，因為它正式翻黑了。這是「最後的賣點」了，這天賣出已經算後知後覺了。否則就來不及了。

五、再過來，3、5、8 日均線就走空了。

六、MACD 在 3 月 9 日「紅柱」已經開始縮短，代表警示賣出訊號。

七、DMI 的中期指標，在 3 月 9 日已經傾向於做空。

八、Elder 多頭力道指標，在 3 月 9 日也已向下墜落。

這檔股票比較有趣的是，頭部明明已經確立，可是由於「怎麼上去，就怎麼下來」的股市慣性，以及大盤連續暴跌，「熱映」也有跟著急殺的現象。不過，從籌碼來看，法人大舉介入是在 3 月 5 日，後來大概發現不對，已經來不及了，只好連續多日小買以自救。

但是，根據科斯托蘭尼的「金蛋理論」，頭部就是頭部、底部就是底部，懂得抓出投機的買賣點才是高手。因為從 3 月 3 日開始，直到 3 月 6 日，就已經透露出一些由多轉空的訊息，來到 3 月 9 日，作為一個高手，應該可以確立頭部而賣出持股了。越晚賣出越不利，因為早賣可免獲利被侵蝕，這才是「投機」的精義！

我認為「投機」者賣出動作一定要快，萬一因為外資法人繼續接棒拉抬，我們仍然可以看出是否有多方面的買進訊號然後再度介入，不是嗎？如果我們能夠這樣想，就算是抓住科斯托蘭尼以下的兩個觀點了：

● 成功的投機者在 100 次投機中，成功 51 次，失敗 49 次，他就靠這差數維生。

● 對於一個真正的投機者來說，重要的不僅僅是贏錢的快感，而是證明他有理。

圖 5-14 熱映（3373）頭部確立示意圖

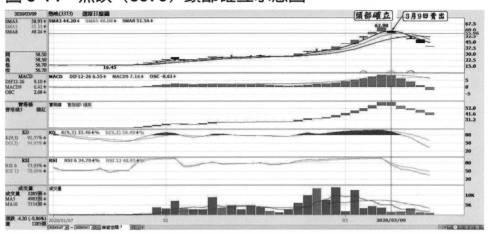

資料來源：XQ 全球贏家

亞當理論的精義

在股市中，有一個問題常常成為爭議點，就是：究竟逆向操作好呢？還是順勢操作才對？

科斯托蘭尼講了很多逆向思考的概念。巴菲特也說過「當別人恐懼時你要貪婪，當別人貪婪時你要恐懼」這樣的話。

「當股市因為ＸＸ病毒而出現非理性下殺時，反而是應該要冷靜思考並積極尋找錯殺好股的時刻。」基本面的學者也很喜歡說這樣的話。

《史記》<貨殖列傳>：「貴出如糞土，賤取如珠玉」，意指貨物貴時，要視如低賤之物，毫不留戀大量拋出；貨物便宜時，要視如珍寶珠玉，儘可能大量買進。」這就是一種逆勢操作。

「人棄我取，人取我予」這種反市場操作，對個人來說，是有利的。因為贏家總是少數，站在少數這一邊，往往勝算較大。就現實的實務面來觀察，我們也常常發現主力利用散戶的共同心理買進時機而逆向坑殺。所以，原則上，和散戶對作、站在主力這一邊，才是贏家之道。

那麼，財經名著《亞當理論》強調「順勢操作」的概念是不是錯了呢？顯然不是的。它的順勢操作，偏向於看盤功力的培養。和「逆勢思考」並不違背的。

股票的位階，與買賣時機，對於勝負都有直接的影響。因為多頭時間一到，再爛的股票都會飆漲；空頭時間來臨，再好的股票都走不遠。股市制勝的法則，就是「與趨勢為友、與情緒為敵」，所以要順勢而為。如果「趨勢」已經成為你的朋友，那你又為何要逆勢操作呢？畢竟市場是我們最佳

的導師。市場往什麼方向，我們跟著市場的方向走就對了。

精準的重複，會產生「對稱」

《亞當理論》的作者 Welles Wilder，是上世紀最偉大的技術分析大師，也是 DMI、RSI、SAR 等重要技術指標的發明人。亞當理論和科斯托蘭尼最大的不同，就是他絕不尋找頭部和底部，因為很容易找錯位置，也失之武斷。亞當理論建立系統的方法就是：順勢而為，完全屈服於市場的實際表現。他認為這個世界並沒有所謂的完美系統，「移動平均線」、「線性迴歸」、「反向意見」等，都是落後指標。

Welles Wilder 對於價格的觀點如下：

● 在市場中，觀察什麼是最重要的？答案是：價格。

● 價格是最真實的。價格反映了成交量、未平倉合約數，以及所有的事。

● 市場中最重要的是「價格」；價格最重要的是「趨勢」。

● 最單純、最簡單的交易方法，必須避免武斷。

● 規定多少金額停損或設定獲利目標，與市場走勢毫無關係，可說毫無意義。

● 根據波動幅度設停損點，要取多少天來計算平均區間？也含有武斷成分。

● 我們可以考慮把停損點設在最近市場低點下面一點點的地方。

● 最不武斷的方法，就是利用「移動停損點」法，讓市場告訴我們何時該獲利了結。

他對於「趨勢」的看法，也有如下精彩的觀點：

● 何謂趨勢？趨勢就是一再重複的事。

● 精準的重複會產生什麼情形？——產生「對稱」。(見圖 5-15)

● 所謂「趨勢」，指的是一再精準地重複的事。它會產生「對稱」的結果。

● 什麼情況會造成完美的對稱？一、與目前時點的接近程度。二、該點的速率。

● 我們將市場橫軸定義為時間、縱軸為價格，速率就是價格除以時間。價格增加的速度比時間快，速率就加快；時間增加的速度比價格快，速率就減慢。

● 由一條不同時間的價格點所構成的直線，如果越陡，速率就越高。市場的速率就稱作趨勢。所以，趨勢越陡，則對稱性越好。

● 對稱的「第二映像」指的就是市場在不斷更新的情況下，預測未來最有可能的行進落點。

● 市場越接近目前的時點，而且移動速度越快（趨勢越陡），則市場所能預測的未來方向就越準確。

● 不論你買賣的是期貨，或者線圖的名稱是公債、黃豆或豬腩，都沒關係，重要的是趨勢！

圖 5-15 蔚華科（3055）還原週線圖

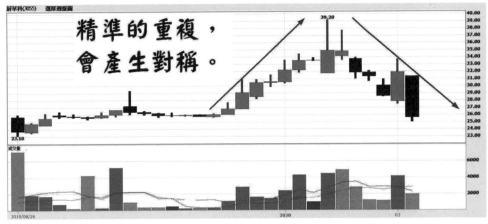

資料來源：XQ 全球贏家

盯緊趨勢，不見兔子不撒鷹

亞當理論最善於掌握「方向」和「期間」，而不是「轉折點」。在頭部和底部之間，亞當理論可以發揮無比的力量。

我最喜歡《亞當理論》的一段話就是：

「市場要動了的最好證據是，它已經開始動了！

市場正往上漲最好證據是，它已經開始上漲了！

市場正往下跌最好證據是，它已經開始下跌了。」

這段話說明沒見到趨勢，不輕易出手。舉例來說，請看圖 5-16，亞當理論認為，我們的錢都是在 C 和 E 之間賺到的，絕不會在 A 買進，因為當大盤仍在下跌，為什麼我們要做多？只有見到上升的趨勢（從 B 到 D），才會買在 C。然後，賣在 E。賣在 E，也是因為已經看到下跌的趨勢了！這就是「不見兔子不撒鷹」的道理。

見圖 5-16　獲利的位置圖

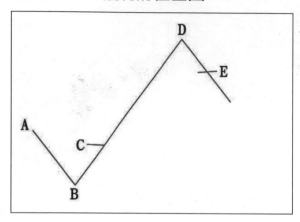

《亞當理論》一書曾批評說，頗富傳奇色彩的傑西 · 李佛摩（Jesse Livermore）一生中曾賺過許多個百萬美元，但卻又全數賠光。我們能稱他為優秀的交易者嗎？不能。光是賺了很多錢還不夠。因為「賺了多少錢並不重要，要緊的是能留住多少錢」。

所以，他認為交易最重要的聲明就是：小賠大賺。（認賠小錢，坐賺大錢）

由此概念，可以延伸到停損的幾個基本概念：

● 如果沒有停損點，當部位開始對我們不利時，就會受到很大的誘惑，想要「觀望」，最後，災難隨之而來。

● 設定良好的停損單是無價之寶。交易時千萬不能沒有停損單。

● 交易者所犯的最嚴重錯誤，就是讓小損失變成大損失。

● 成功交易，最重要的事情就是保本。賺錢的方法就是認賠許多小錢。

● 停損一旦設定，絕不能取消，就算要移動，也只能往交易的方向移動。不然何必設停損呢？

● 如果你使用的是當天停損，那隔天開盤前，就應設定新的停損單在相同或更好的位置，千萬勿往反方向調整停損點，或是取消停損。

● 停損的位置，應該設定在損失發生時、金額微不足道之處。所設停損點如果發生大損失，就失去設定停損的本意了。

● 損失，絕不能大到令人心痛的地步。

● 要想平均獲利高於平均損失，只能靠幾次非常賺錢的交易，才能得到這樣的結果。

● 唯有追隨長期趨勢直到趨勢結束後賣出持股，才能大賺一筆。

● 我們所犯的最大錯誤，就是不肯賠小錢；第二大錯誤，就是不肯隨勢逐流；第三大錯誤就是不去賺大錢。

● 賠錢的部位絕不「加碼」或「攤平」。

● 在開始交易或加碼時，絕對要同時設停損，以便在你萬一出差錯時，能帶你出場。

● 交易的秘密，在於你怎麼處理錯誤的部位，而不在於你怎麼處理賺錢的部位。

● 只要你能照顧好賠錢的部分，賺錢的部分自己就會照顧得很好。

● 可以加碼的理想情況是，當強勢股出現一次非常迅速（1-3 天內）的「V 轉」時。

● 任何時候加碼的部位，絕不要超過原來買進的部位。例如你原來買進 3 張，加碼就只能在 1-3 張之間。

● 進場應先試單，然後在證實自己是看對的之後，才逐次增加部位。而不是孤注一擲。

● 我們一定要跟著市場所走的方向前進，賺錢時加碼，見壞就賣，越壞賣越多：見好就買，越好買越多。

● 記住一點，趨勢最強的市場（也就是我們最想置身其中的市場），往往最不會拉回。

● 勇於高價買進強勢股所賺到的錢，會多於等候回檔所賺到的錢。

● 在回檔時買進，等於在強勢中的弱勢情況下買進，這真不如在強勢中的強勢時買進、並在弱勢中的弱勢時賣出。

● 見強買進、見弱賣出，永遠這麼做就對了！

《亞當理論》帶給現代的操盤者最大的啓示，就是「買高賣更高」、「賺大波段的 50%」。這個觀念，筆者有如下的見解：

一、對於有影響行情能力的人，例如主力、大戶、法人等，買高確實可以賣更高，尤其是當沖。但如果是小散戶，最好還是等趨勢確定之後才

追高。因為根據近年筆者的操盤經驗，主力常會逆向操作坑殺散戶，所以散戶「追高」有時很容易被短套。

二、如果這個見解可行，那指的一定是遵循趨勢。趨勢確立向上的股票，當然不怕追高。

三、追高之前，最好先設定停損點，觸價就先退場。

四、只在已經發動的、最厲害的市場中操作。在這樣的市場中操作，就可以儘管放心、努力去追逐，它絕不會漲到不能買進的地步，也不會跌到不能賣出的地步。

五、隨勢操作，才能在市場中賺錢。我們必須等到趨勢出現才進場，這表示，我們應跳進正在向上移動的市場。

六、順勢操作就是不管誰在控盤，只要趨勢「正在」向上，就向上操作。反之，亦然。

葛蘭碧八大法則

「葛蘭碧八大法則」是美國經濟學家葛蘭碧（Granvile Joseph）研究股價走勢後提出的理論。

他在 1960 年提出著名的移動平均線（Moving Average）理論之後，以 K 線和移動平均線作為互動基礎，研究出買進或賣出股票的八大法則。

所謂移動平均線，就是以道氏股價理論為基礎，把一定期間的股價加以平均，畫出一條移動線，然後在移動線與股價之間的變化，尋找買進與賣出的最恰當時機。

葛蘭碧進出八原則，對於股市新手是很重要的，就好像練拳要從「蹲馬步」開始一樣，很多人覺得「太簡單了，我早就知道」，其實這是一種基本功。如果您已經投資股市幾十年了，仍然輸多贏少，那就有必要「打掉重練」，把買賣時機的基本功好好研究一下。

買進的四個時機：

（一）移動平均線從下降趨於平穩，而且股價從移動平均線的下方向上突破時。

圖 5-17　買進的時機之一

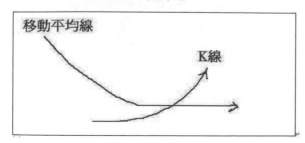

請看圖 5-18，圖中藍色圈圈處，「金像電」（2368）的 20 日平均線由下降趨勢轉為平穩態勢，然後「金像電」的股價 5 日平均線也由下往上穿越 20 日

圖 5-18　「金像電」（2368）還原日線圖

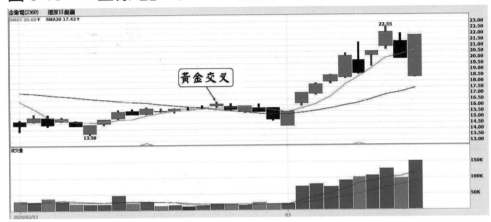

（二）股價處於移動平均線的上方，而後股價下跌，但未跌破移動平均線，就反轉上升時。

圖 5-19　買進的時機之二

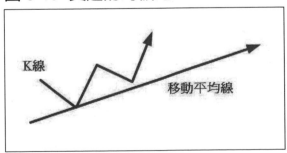

請看圖 5-20，紘康（6457）的股價都是沿著 20 日平均線上方移動，每次一碰到賣壓使股價 K 線壓回時，總是能夠在碰到 20 日均線後，又立刻站上均線，後來果然有了大漲機會。

圖 5-20 紘康（6457）還原日線圖

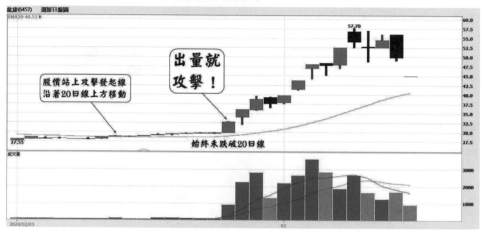

資料來源：XQ 全球贏家

（三）股價處於移動平均線的上方，而後股價下跌，雖然跌破移動平均線，但很快就又彈升至移動平均線之上，而且移動平均線還呈現上揚之走勢時。

圖 5-21 買進的時機之三

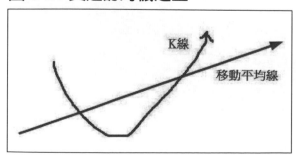

請看圖 5-22，「世紀鋼」（9958）的股價 K 線在跌破 20 日均線之後，又站上均線之上，顯示多方買進的力量仍在，這也是買進時機。

圖 5-22　「世紀鋼」（9958）還原日線圖

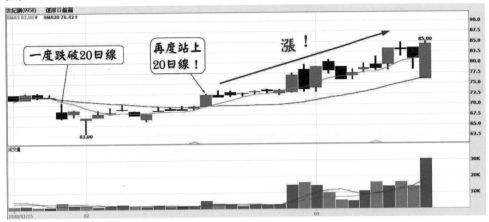

（四）股價與移動平均線均居跌勢，而股價處於移動平均線之下方，突然暴跌，距離移動平均線很遠，乖離過大時。從攤平成本的角度來說，這時也是買進的時機。

圖 5-23　買進的時機之四

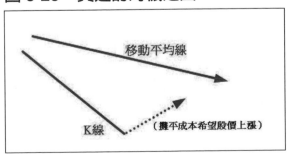

請看圖 5-24，「晉泰」（6221）的股價 K 線出現一波急殺盤，股價從波段高點跌下，跌幅已深，兩者的短線乖離過大，出現了短線反彈的買進時機。

圖 5-24 「晉泰」（6221）還原日線圖

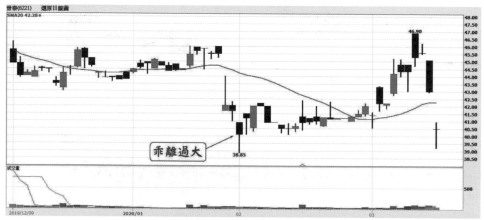

資料來源：XQ 全球贏家

賣出的四個時機：

（一）移動平均線從上升走於平穩或下跌，而且股價 K 線從移動平均線的上方向下突破時。

圖 5-25 賣出的時機之一

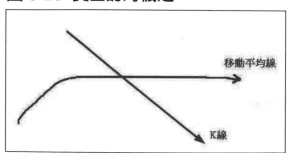

請看圖 5-26，「勤凱」（4760）的股價 K 線由上漲的走勢轉變為震盪往下的走勢。尤其股價 K 線也跌破了原本上升的 20 日平均線，顯示賣股票的時機已經來到。

圖 5-26 「勤凱」（4760）還原日線圖

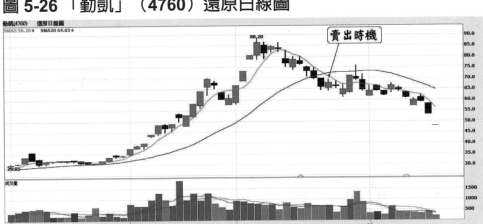

（二）股價處於移動平均線的下方，而後股價上升，但未突破移動平均線，就反轉回跌時。

圖 5-27 賣出的時機之二

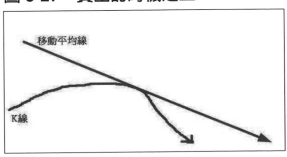

請看圖 5-28，「晉倫」（6151）的股價 K 線一接近 20 日平均線時，不但未過，反而還立刻向下反轉，說明空頭的氣勢仍燄。在葛蘭碧八大法則中也是屬於賣出時機。

圖 5-28 「晉倫」（6151）還原日線圖

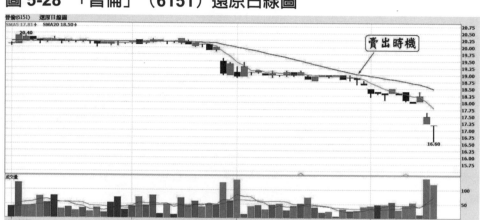

資料來源：XQ 全球贏家

（三）股價處在移動平均線的下方，而後股價上升，雖然突破移動平均線，但很快就又跌回移動平均線之下，而且移動平均線還呈現下挫的走勢時。

圖 5-29 賣出時機之三

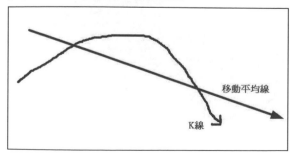

請看圖 5-30，「萬潤」（6187）的股價 K 線，原本 5 日線突破 20 日移動平均線，可惜不久又跌破了 20 日均線。事後印證都是賣出時機。

圖 5-30 「萬潤」（6187）還原日線圖

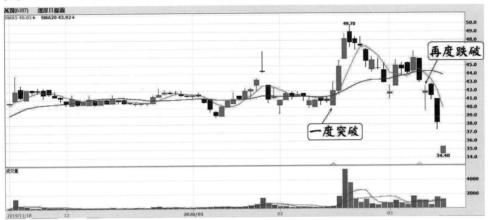

資料來源：XQ 全球贏家

（四）股價與與移動平均線均處於漲勢，而股價處於移動平均線的上方，突然暴漲，距離移動平均線很遠，乖離過大時。

圖 5-31 賣出的時機之四

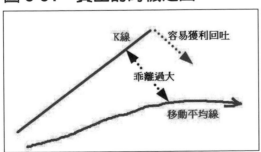

　　請看圖 5-32，「森寶」（3489）的股價 K 線由於連續上漲，並遠離移動平均線，產生乖離過大，於是短多投資人紛紛賣出持股，導致股價下跌修正。事後印證此一情況果然是短線賣出時機。

圖 5-32　「森寶」（3489）還原日線圖

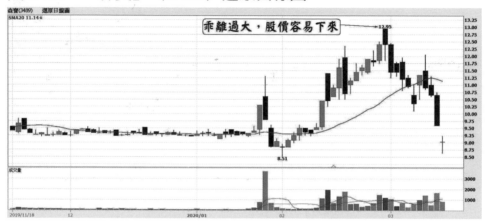

資料來源：XQ 全球贏家

第 **6** 部曲
　　指標會帶給我們
　　什麼幫助？

1929 年，華爾街熱烈的氣氛深深地感染了邱吉爾。當時他認為從股市提款太簡單了，於是請好友幫他開了一個戶頭，準備玩股票了。

邱吉爾的第一筆交易很快就被套住了，他不信邪，又瞄準另一檔股票，偏偏股價仍不聽他的指揮，一路下跌，他又被套住了。

如此折騰一天，邱吉爾做了一筆又一筆交易，到收盤時才被嚇呆了，幾乎破產。正在絕望時，巴魯克遞給他一本帳簿，上面記錄著另一個溫斯頓‧邱吉爾的「輝煌戰績」。

原來，巴魯克早就料到像邱吉爾這樣的大人物，其聰明睿智在股市之中未必有用，加上初涉股市，很可能賠了夫人又折兵。因此，他事先為邱吉爾準備好一根救命稻草──他吩咐手下用邱吉爾的名字開了另一個帳戶，只要邱吉爾買什麼，另一個「邱吉爾」就賣什麼；邱吉爾賣什麼，另一個「邱吉爾」就買什麼。

重要指標的剖析與觀察

筆者特別注意到以上這個故事的年代。原來「股市狂跌」是 1929 年美國特別的新聞，也是歷史上「經濟蕭條」（1929 年至 1933 年之間全球性的經濟大衰退）的開端。當經濟步入空頭時，新手邱吉爾在股市的投資失利，也不足為奇。以上這個「邱吉爾陰溝翻船」的故事，他本人一直對這段恥辱的經歷守口如瓶，而他的老朋友──美國證券巨頭巴魯克，卻覺得沒什麼，且把它寫在自己的回憶錄，當成一樁趣事。

「多頭時期不做空，空頭時期不做多」是高手都知道的鐵則，但是新

手常常不懂得什麼是「放空」。其實,股市是有多、有空的。但是,新手往往只會做單邊——低買,然後高賣。除此之外,從未做過「空」。一旦碰上空頭,總是哀鴻遍野。

因此,我們常常就說,某某人(例如當時的邱吉爾)是「反指標」,買什麼就跌什麼;賣什麼就漲什麼。或者,我們也會說:「和散戶對作,就對了。」這是很合乎邏輯的。但是,說來容易做來難。

那麼,怎麼辦呢?就要有一個參考範本,像「另一個邱吉爾」那樣,也就是要有一些指標作用的方法,可以遵循。

筆者在操作上有五個 SOP,就是:

一、依多空原理掌握趨勢

二、依買賣時機慎選個股

三、依大戶籌碼看出轉折

四、依容忍程度決定停損

五、依買賣力道靈活操作

換句話說,多空趨勢、買賣時機、大戶籌碼、資產配置、交易實況,若都能有一些指標可以參考,等於在登山時有了指北針。

對指標冷漠,行情也不會順你的意

舉例來說,2020 年 1 月 30 日一根長黑攧破台股的頭線,是造成由多轉空的大轉彎,您是否警覺到這是暴跌的開始?有的人是後知後覺,也有

人是不知不覺，這就是「輸家」的由來。對行情冷漠，終將自食惡果！

請看圖 6-1，你對這根長黑的敏感度，決定後來會不會慘賠！要知道，這根長黑特別長，它是暴跌 697 點的長黑，圖中沒有一根能和它的長度相比！再看到它當天的「成交量」也是超長的，也沒有一根量可以比它大。難道你不知道「量大不漲，股票要回頭」？ 2,776 億算不算「量大」呢？回落 697 點算不算「不漲」呢？量大不漲，股票已經擺平要回檔了！

我看到的現象是：

● 很多人在空頭中還拚命在找多頭股，頻頻問我「╳╳能不能買？」「╳╳能否抱波段？」。

圖 6-1　2020 年 1 月 30 日超級長黑考慮你的敏感度

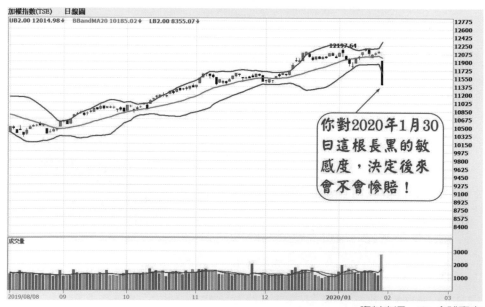

資料來源：XQ 全球贏家

● 很多人還抱持滿手的庫存股票，不肯依我在群組的呼籲減碼到 3 檔以內。

● 很多人還捨不得迅速停損，反而期望拉高再出，一旦拉高，又在等待更高再出，結果就來不及逃命了。

● 很多人還在續跌中加碼，企圖攤平。莫非忘了技術分析「做錯不可攤平，做對才能加碼」的諄諄告誡？

● 很多人完全不知道空頭時期也可以放空賺錢？

● 很多人只知道做多失敗了黯然離開，卻不曉得可以逆向操作（指逆過去自己的方向）、反敗為勝。

● 很多人試著放空，卻因不懂看盤，反而被厲害的主力軋到漲停板。

其實，放空只是股市遊戲規則中的一種變化球，無關道德、品行。股市本來就是一場戰爭，難道投資理念相反的「空殺多」是殺生，那買低賣高的「多殺多」就不是殺生？

事實上，空頭行情的最佳護身符就是「放空」，即使輸贏不大，但卻可以讓套牢不再擴大、損失減少。如果抱殘守缺，捨不得殺低，反而會讓自己陷入連連不斷的惡夢中，痛苦萬分。

有一個小故事說，人生有太多包袱，我們可以選擇將它一一扛在肩上，也能選擇瀟灑地放下它們，而能否放下，則會決定我們未來的人生要繼續痛苦？還是要享有幸福？想擺脫惡夢的糾纏，唯一的方式是「醒過來」；想忘卻人生的不順遂，唯一的方法就是「放下」。

　　小故事的結尾說：「要結束作夢的方法，卻都是一樣的，那就是：睜開眼睛醒過來！」

　　所以，惟有迅速把股票賣掉、退場觀望，或反手作空，才是最好的反應。最差的反應就是：冷漠以待、缺乏警覺、坐失逃命的良機！

　　大家都說「你不理財、財不理你」，我覺得股市在暴跌的徵兆出現時，你對「指標」冷漠，相信行情也不會順你的意。

　　跌破頸線，股價怎麼上去就怎麼下來

　　不要光說不練，現在我們就來看看 2020 年 1 月 30 日一根長黑跌破台股的頸線，有什麼「指標」可以看出它的嚴重性？

　　請看圖 6-2，加權指數一直在上漲的過程中，是一層一層的階梯在往上爬。經過 11 年大多頭行情，來到 12,197 點的高峰，誰不渴望躍過 1990 年 2 月 12 日台股 12,682 點的歷史高峰呢？

　　可是，「天要下雨，娘要出嫁」，碰上武漢肺炎的突發疫情，這是沒辦法的事！

　　雖然疫情無法預料，但是天要下雨，總見空氣濕度變大、氣壓降低、天色昏暗、烏雲密佈，有時還會出現打雷、閃電、颱風的現象吧？這就是常人可以見到的「徵兆」；如果比較有研究的人可能可以從青蛙鳴叫、燕子低飛等等現象看出一些端倪；再進階的就是可以從蚊子成群結團，螞蟻成群過馬路、蚯蚓出洞、貓洗臉等現象，看出「天要下雨」的可能性。至於「娘要出嫁」，多少也有一些動作吧？

　　股市的線圖，就相當於「天氣預報」一樣。多看新聞，就可以得知

疫情的嚴重；多看線圖，也可以看出行情的悲慘。為什麼總要跌了將近 3000 點，才開始「有感」？為什麼不在天要下雨，就趕快收衣服、進屋內？

在暴跌近 3000 點左右，我有一次幫一位群組的成員「持股健診」，赫然發現他竟然還有做多的持股接近 20 檔！而且全部套牢。目睹幾位高學歷的優秀群友都如此操作股票，群組以外的那些朋友更別說了！可見光是「學會」、「知道」沒有用，還要有很強的「執行力」、「實踐力」才行！所以，我才堅持一定要「邊做邊學」、即知即行，才會得心應手！（請看本書「作者序」）

首先，在圖 6-2 中，筆者所畫出的兩個藍色框框，上面一個是以 12,197 點為高點的「股票箱」，股票箱的左下角是一個「跳空缺口」，這個跳空缺口是很重要的台股支撐，結果卻被 2020 年 1 月 30 日的一根長黑給跌破了！這個長黑還把此一股票箱的頸線跌破了！問題可就大條了！

在 1 月 30 日這根跌幅高達 696 點的長黑之後，一度出現一個類似變盤的小十字線型，且在下一個交易日又出現一個長下影線的 T 字線型，但是，向下的趨勢卻已經形成了。趨勢是很難改變的，在以 11,854 點為高點的股票箱裡，最後再度慘遭跌破。

您還不信邪？還不壯士斷腕、迅速停損？那麼，一旦脫離這第二個股票箱、向下滑動之後，股價就如「重力加速度」一般地墜落，終於崩跌了！導致從高點 12,197 點跌到 8,523 點，才有了小小的支撐。接下來的一根長紅，若不是政府「人為干預市場」、宣布國安基金次日進場，恐怕趨勢還是會繼續向下。

當「天龍特攻隊」群組大家都在猜會跌到哪裡時，有人在 3 月 13 日就發言稱「長線的價值買點到了」。我想，雖然當天成交量高達 3,023 億，應該有「換手量」可以稍稍踩煞車了。但其實「換手量」，也可能是外資換給想「撿便宜」的散戶。那麼，下降的趨勢就還沒改變，止跌之後，還可能續跌。我一向認為，研究籌碼才是硬道理。技術分析只能看出「現象」，無法判斷「因果」。

所以，我獨排眾議地在群組發言：「只有國安基金進場，才可能止跌。」果然，台股又連續下跌四天，才因官方宣布三大利多「央行降息 1 碼」、「金管會有條件的禁空令」（跌幅逾 3.5% 的股票，次日禁止平盤下放空）、「明天國安基金 5000 億進場」，終於重磅造成 3 月 20 日行情提前爆開。終場大漲 552 點，非常罕見的「人為干預」奏效。

我認為國安基金進場會奏效，是根據個人的經驗值。2015 年我在大陸開始崩盤時，就勸告大陸博友（一起寫「新浪網」Blog 的朋友）別再投資股市了，然後返台定居。當時也救了不少對股市一知半解的大陸朋友（關於我如何看出大陸股市要崩盤了，容後補述）。我返台不久，當年（2015年）8 月 25 日國安基金進場之後，就是台股最低點了，買什麼都大賺，所以那個日期我記憶猶新。

請看圖 6-2，2020 年在暴跌 3,410 點（11,933 點 -8523 點）之後，儘管台股在政策護盤下，指數大幅度反彈，但新型冠狀疫情持續在全球擴散，美國、歐洲疫情更是一天比一天嚴峻，台灣也受國際情勢影響，觀察美元指數持續飆漲，突破 103 點，顯示市場仍有嚴重流動性問題，台股投資的展望仍在未定之天。何況股市瞬息萬變，加上國際股市還沒見底，全球經濟體表現依舊圍繞在歐美疫情的變化上。所以，台股是否從此「過著

圖 6-2 長黑跌破頸線，暴跌 3,410 點

資料來源：XQ 全球贏家

幸福快樂的日子」？我覺得不要說得太滿比較好。這也是我主張觀察大盤一定要採「且戰且走」策略、不要預設立場的主因（請看本書「作者序」）。

接下來，請看圖 6-3，在台股暴跌到 8,523 的低點時，我們往前觀看籌碼，可以發現外資一直站在賣超的立場，而官股券商的買盤卻相反的採取逢低布局的態勢。只因台灣的疫情防護得較安穩，而把股市暴跌當成「非經濟因素」逢低買進？

我們看外資的買盤線形，是由左上往右下飆的；官股券商的買盤線形，卻是由左下向右上飆的。兩者方向剛好相反。事實上，老外在台股提款，有其不得不然的苦衷。他們需要賣台股回國去救家鄉的股市吧！而台灣的官股在國安基金尚未公開進場之前，已經悄悄買進這麼多股票了，政策做多似乎也在幫他們成為未來大賺的贏家！

再看圖 6-4，我們觀察一下最重要的台股「台積電」。外資和官股券

圖 6-3 台股大跌後的外資和官股券商的籌碼表現

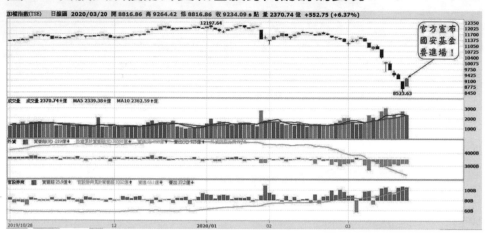

資料來源：XQ 全球贏家

圖 6-4 台積電大跌後的外資和官股券商的籌碼表現

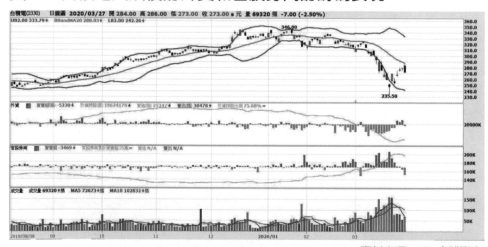

資料來源：XQ 全球贏家

商對「台積電」(2330）的投資態度也是一樣。外資拚命賣，官股券商拚命買。

結果，從 3 月 19 日反彈到 3 月 27 日，就大漲了 21.7%，價格也上漲了 51 元。而外資顯然來不及吃到肉！

身在上海，實際接觸 A 股的訊息

剛才提到我「解救」了不少「大陸同胞」，是怎麼回事？那也是緣於我對大陸股市的關注，以及我對線型的理解程度。自從我離開報社之後，就在廣東、上海閉門專事寫作。在那兒生活的同時，也在新浪網開闢了一個 blog，寫的是文史哲、勵志、傳記人物等「正能量」的文章，因而形象非常良好，於是後來就慢慢結識了一些大陸作家。大陸的作家是有國家圈養的，只要掛了什麼寫作協會理事之類頭銜的文人，都是有薪水可領的，每年只要交幾篇報告即可。所以，他們平常沒什麼事，就會寫寫「博客」的文章（大陸把 blog 翻譯作「博客」，所以其上的文章稱「博文」）。而台灣的作家卻必須自力更生，靠版稅煮字療饑。所以，我常納悶他們為什麼可以整天沒事，在新浪網寫沒有稿費的博文。後來，大陸博友認識我的人多了，我就在新浪網成立了一個類似社團的「圈子」，而我是圈主。所以，久而久之，就認識了不少博友（寫 blog 文章的朋友）。

2014 年左右，我應台灣「今周刊」總編輯巫曉維小姐之邀，寫一本有關陸股的書。因為那時傳說台灣人可以開始直接投資大陸股票。但是傳說歸傳說，沒有人可以確定消息真假或執行日期進度。連我這個住在上海當地的人都不敢確定「哪一天是正式開放台灣人可以直接買 A 股的日期」，最後還是上海的「營業員」（大陸稱「投資顧問」）交給我一張官方開出

的公文證明才敢證實，可見大陸的新聞管制之封閉狀態。

　　請看圖 6-5，這就是大陸的「投資顧問」印出來給我看的正式公文，卻不見於兩岸公開的新聞，可見非常低調。於是，我就在上海，以台灣人身分，開立了可以直接買賣 A 股的帳戶。（從前的台商也有人買過 A 股，但都是使用人頭。但這其實是有風險的──可能會被捲款而逃）

抓到陸股的起漲與起跌，全憑技術指標

　　當時我很忙，寫陸股的書並未積極展開，恰好出版社作了市場調查之後發現當時台灣市面上、搶先拼湊 A 股資料出版的陸股的書都「賣不動」（因為那時住台灣的人很少懂買 A 股的），於是我們就「兩願解約」、決定不出這一本書了。可是，我還留了一張當時畫給該出版社編輯部同仁的陸股位階圖。相信他們可以為我作證，我當時就確定陸股明顯是起漲點！

　　那麼，當年我是從什麼「指標」看出陸股即將有極大的潛力呢？這張

圖 6-5　2014 年大陸正式公布的消息，卻不見於新聞

境內港、澳、台居民從 4 月 1 日起可開立 A 股賬戶

为了给在境内工作和生活的港、澳、台居民参与A股市场投资提供便利，3月9日，经中国证监会批准，中国结算公司发布了修订后的《证券账户管理规则》和《业务指南》，放开了对境内港、澳、台居民开立A股账户的限制，明确了开户所需的证明材料。从4月1日起，境内港、澳、台居民可据此开立A股账户。

近年来，随着两岸三地交流的日趋频繁，在境内工作和生活的港、澳、台居民日益增多，根据2010年第六次人口普查数据显示，在境内居住的港、澳、台居民大约有45万人，数量相当的境内港、澳、台居民有合法人民币收入，有参与证券投资的愿望，为其直接开立A股账户创造条件，提供便

利，使其能依法合规，平等参与证券市场投资，有利于保护港澳台居民在证券市场的合法权益，也有利证券市场的健康发展。

中国结算公司有关负责人表示，境内港、澳、台居民开立A股账户需要提交"三证"，即香港、澳门居民往来内地通行证和台湾居民来往大陆通行证，港、澳、台居民身份证以及公安机关出具的临时住宿登记证明表。境内港、澳、台居民A股账户投资范围、适当性管理等账户权限按照境内个人投资者A股账户权限同等对待。

为了加强对港、澳、台居民的保护，证券公司在开户环节应当做好服务开展各种形式的境内证券市场的宣传培训，发放境内证券市场基本知识和相关宣传册，港、澳、台投资者开户时需要书面确认已知晓境内证券市场的相关法规知识和风险。

圖註解的是 2014 年 4 月 1 日，不是現在才寫的，原文是：

從技術分析的角度來看，上證指數的月線形成三角形收斂，韜光養晦已達五年之久。如再有利好消息，配合向上突破，未來的潛力不可限量。（見圖 6-6 上的註解）

當年的草稿，我還洋洋灑灑寫了十大會漲的理由，現在看來真的一一應驗。隔兩個月，陸股果然就開始瘋狂地大漲了！一口氣暴漲了近 3000 點。不過，我自己雖然開立了 A 股，卻是淺嘗即止，並沒有積極投入，因為那時我受聘為大陸台商老闆陳董事長的麾下，擔任類似「文膽」的顧問。他是一個擁有 40 多家公司的集團總裁，所以我也跟著很忙了，只能在業餘研究股票、寫博文、處理新浪網的「圈子」事務。從我的博客訪問人數有 560 萬，就可以知道我當時的人氣很旺，花在交流的時間實在不少。何況我也要持續經營台灣的讀者關係，經常要回台講課，所以並沒分心在陸

圖 6-6 我於 2014 年 4 月 1 日發表對陸股的見解

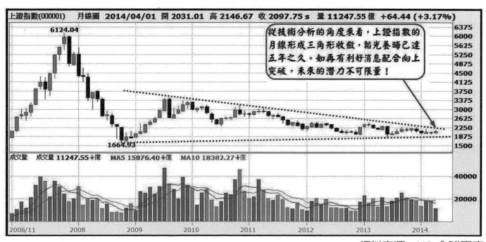

資料來源：XQ 全球贏家

股上面。

　　然而，大陸股民的瘋狂追逐，我卻是在上海當地見識到了「大陸股民瘋狂的 11 個月」。這一段將近一年的股市大多頭行情，使我熟識的多位博友都受不了誘惑，只為了賺錢而紛紛投入他們並不十分了解的股市。後來，我也慢慢理解大陸股市，它其實就是一個「政策」市，政策做多，相關的股價就漲，並不放任市場自由發展。同時，放空的門檻很高，幾乎是富人才方便融券。這是我當年的印象。相對的，台股的資訊透明，尤其籌碼面可以非常清楚地掌握。反觀陸股，大戶持股的情況，恐怕也是富人獨享的資訊優先。再加上在上海玩台股，常常進不了繁體網站，真的覺得有必要回國，專心效力台股。於是我回來了，後來就在住家附近大學覓得股票與「權證」的講師一職，並繼續於專心研究台股的志業。

買賣點與停損、停利點的抉擇

在股市多空對壘，最重要的是何時進場與何時出場。「選時」甚至比「選股」更重要！因為「打一手好牌」和「把一手爛牌打好」都需要功力。

我們看圖 6-6，可知 2014 年 4 月之後，陸股的動能就慢慢增加了，接著就因「三角形收斂」的突破，引爆了「起漲點」，這就是買點已到的徵兆！而賣點呢？請看圖 6-7 中，我們也可以看到 2015 年 6 月達到 5,178 高點時留下了長上影線和長下影線。這根長黑 K，代表是多空拔河激烈。而從上影線比下影線長來看，顯然空方略勝一籌。

我於 2015 年 6 月 15 日返台定居之前，就奉勸多位博友收手、別做股票了，因為我發現 A 股暴漲之後已現危機。有些在我回來台灣任教的時候，仍繼續和我在 WeChat（微信）通訊軟體聯繫的朋友，我也一再告訴他們怎麼看出陸股的危機，並且建議他們迅速賣出股票，以免慘賠。當時大陸的「放空」門檻超高的，一般散戶是無法放空的，只能儘快「停利」，否則將會從「賺錢」玩到變「賠錢」。當時幾位大陸博友都聽勸而躲過了股災！

當時，我用「夜空雙星」的 K 線型態來做說明。在上漲趨勢的末端，一根「中長紅 K 線」之後，連續兩根或兩根以上的星形十字，表示多空陷入拉鋸，為一變盤轉折訊號。若雙十字星線是跳空，則反轉變盤訊號更為強烈。

其次，當雙十字星線之後，出現一根帶量「中長黑 K 線」，形成「量價背離」，且跌破「中長紅 K 線」之低點，稱為「夜空雙星」。預示趨勢

將反轉向下，多方應儘速退場，反手為空。這就是「夜空雙星」的意義。（請見圖 6-8）

進出場有為有守，獲利才會落實

我為什麼後來奉勸大陸博友「見好就收」、「退出觀望」呢？因為我們看圖 6-7，在這張陸股的月線圖中，2015 年 4 月、5 月、6 月，已經形成「大敵當前」的 K 線型態了。它的上影線一根比一根長，漲幅卻越來越小，這已是警訊。如果再不相信，且看 2015 年 4 月、5 月、6 月、7 月這 4 根 K 線，恰好形成「夜空雙星」的型態，這是偏空的線形，凶多吉少。後來，陸股果然崩盤了！大陸博友知道我是在台灣教股票的人，所以都相信我說的陸股會崩盤的警語，所以後來我「圈子」裡的博友都發來 E-mail 表達感謝，讓他們躲過了空襲的危機。他們因為不能使用信用交易，無法放空，只能儘早賣出持股。有的改行賣紅酒，有的做手機生意，即使追高買進的人也都逃脫而沒賠到錢。

圖 6-7 從技術指標，就可以看出陸股的起漲和起跌點

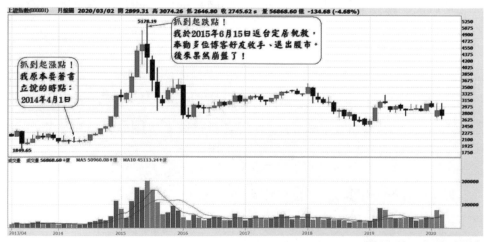

資料來源：XQ 全球贏家

圖 6-8 「夜空雙星」示意圖

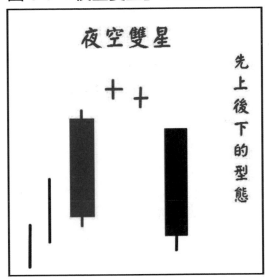

接著，我們看圖 6-9，圖上 ❶❷❸❹ 四根 K 線剛好構成「夜空雙星」的型態。所以陸股在四根 K 線之後必跌，似乎已成定局。這就是賣出點。

圖 6-9 上證指數的「夜空雙星」

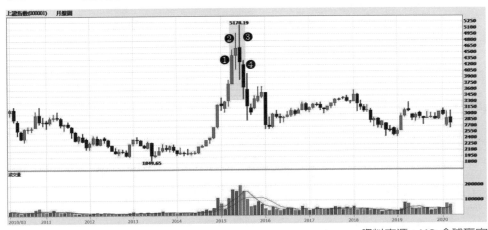

資料來源：XQ 全球贏家

圖 6-10 台股「越峰」（8121）的「夜空雙星」

資料來源：XQ 全球贏家

大陸股市當年就遭逢這樣的賣出點。你不相信「夜空雙星」的殺傷力嗎？好，我可以另舉台股「越峰」(8121)的案例，來引證碰到「夜空雙星」必須儘快賣出，否則通常會吃到一大段崩跌的苦果！（請見圖 6-10）

在大多頭時期，抱得長才賺得多

在大陸股民瘋狂的大多頭時期，其實並非人人都賺錢的。很多人在這段時期，有小賺就很快就賣掉，然後見行情不下來，又拖了很久才再上車。甚至到了尾聲才又進入股市（不肯買比他原先更貴的價格），終於被短套了。然而，一被小套，又不肯認賠（停損）賣出。因為他們嘗過賺錢的滋味，就死也不肯賣出。最後，由短套變長套，由小賠變大賠。

這都是因為不肯「學習」股票操作的原理，完全憑感覺在做股票的結果。

其實，如果擔心被「洗出去」，可以採取「移動停利法」。所謂「移動停利」是一種浮動的出場法。進場後的最高價位會隨著股價持續上漲而有所變動，只要股價有再創高，就必須把新的價位代入公式，去計算新的移動停利點。

「移動停利法」的應用公式是：

股票進場後的最高價位×（1 －移動停利 % 數）＝移動停利點

例如：

❶ 用 100 元買進鴻海（2317），假如設定 10% 為停利點。那股價來到 120 元，停利點就是 120 元×0.9=108 元。只要股價跌破 108 元就要停利出場。

❷ 若股價繼續上漲，漲到 128 元，那停利點就是 128 元×0.9=115.2 元。只要股價跌破 115.2 元就要停利出場。

❸ 若股價洗盤，從 128 元又跌到 119.5 元，還不到停利點 115.2 元，就不必賣出。

❹ 若股價繼續上漲，從 119.5 元又漲到 130 元才又跌下，那停利點就是 130 元×0.9=117 元。只要股價跌破 117 元就要停利出場。

這種移動停利法的好處，就是雖然不會賣在最高點，卻可以避免其後大跌的風險，不致抱上又抱下，或賺錢玩到輸錢。

如何利用「月、週、日」K 線觀察「支撐壓力」

停利和停損的意思是一樣的，只是依自己的成本高低，來定義某一筆交易是賺是賠而已。

不過，儘管如何，停利和停損實行起來，當事人的心情仍有所不同。

一般的停利，基本面派多半用「本益比」或「股價淨值比」的概念來決定買賣點。「本益比」的倍數（例如 15 倍、20 倍），常是他們設定目標價的標準。只要是營收、獲利變差的，就適用本益比倍數較低；相對的，獲利比較好、有成長性的，適用的本益比倍數自然比較高。否則大立光在 2017 年 8 月的最高價 6,075 元（見圖 6-11「大立光」3008 的月線圖），它的本益比的倍數就夠驚人了！（見圖 6-12「大立光」3008 的本益比河流圖）

圖 6-11「大立光」（3008）月線圖

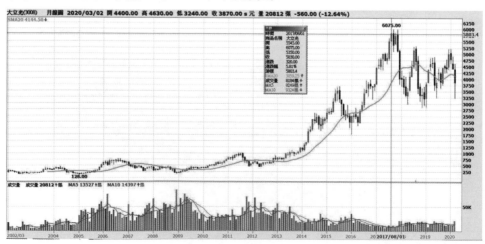

資料來源：XQ 全球贏家

見圖 6-12 「大立光」（3008）本益比河流圖

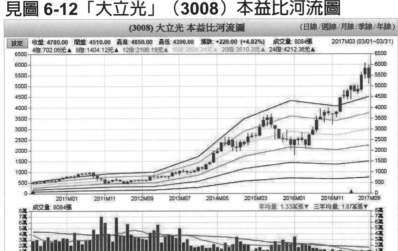

股價和指標背離，就是停利時機

除了「本益比」之外，好比一直在「燒錢」沒看到賺錢的生技股，也有所謂的「本夢比」。這種充滿不確定性的作夢行情，常常很難推估「預估值」，偏偏買股票是買未來，而非買過去或現在。所以這種停利點的標準就毫不客觀了。尤其「景氣循環股」更不容易用本益比來設進出場時日。

其次，「股價淨值比」則是所謂「價值論者」的寶貝，但是其結果更不穩定。例如，一般沒有研究的人很難在最低檔買進、最高檔賣出。傳產股和金融股，成長性不好或平平淡淡時，也很難客觀評估。

所以，停利用技術面來判斷反而比較有效。但是技術面的判斷工具相當多，比較常用的包括 RSI、KD、MACD、寶塔線………等等。另外還有

比較中期的 DMI 以及威廉指標以及各種均線，也都是可以合併判斷。

但在操作上，可能有一種「習慣領域」(Habitual Domains) 的學說理論，主要思想是：每個人大腦所編碼儲存的概念、思想、方法、經驗、技巧以及各種訊息等，經過相當時間後，如果沒有重大的事件刺激，沒有全部訊息的進入，這個編碼和存儲的總體，就會形成比較固定的框框（或稱模式），這種習慣性的看法、做法和行為，就是習慣領域的具體表現。

簡單地說，當你只有一種工具——例如只有一個鎚子時，碰到任何事情，可能就只有把鎚子拿出來往上一敲！那麼，這種處理方式將極容易造成大錯！相反的，如果你有多種工具，便可能可以使用更適合的器械，妥善完成任務，也不會如瞎子摸象一樣，以偏蓋全。

K 線主要是價格的表現，要判斷它的未來，還有賴其他的指標（例如量能指標、均線、KD、RSI、MACD、DMI、威廉指標、寶塔線、SAR 等等）的旁證。當 K 線的漲跌行為和其他指標背離時，接下來，我們便可以知道會有變化。若能預知這種變化，就可以及早作好多空思維的修正，從而獲得更高的操盤勝率。

舉例來說，曾經有一位操作海外期貨的培訓師，運用「海龜操作法」教學生，卻只看「價格」（也就是 K 線）在操作，而不看量能表現。那麼試問圖 6-13 的還原日線圖，接下來還有多高的空間呢？相信操作起來就有點猜測的成分了。在這張「橘子」（6180）的還原日線圖中，走到這裡，接下來是該「作多」還是「作空」？

這個問題，可以運用「背離」的概念來解決。各種指標多半都有「背離」的情況，可以試著合併判斷。例如「價量背離」，就是其中一項極佳

的判斷工具。請看圖 6-13，在這張「橘子」（6180）的還原日線圖中，一路上漲，很容易被「洗出去」。

相反的，如果我們有其他的指標輔助，看盤的準度便可提高不少。限於篇幅，這裡不必多談各種其他的指標，光增加一個「成交量」的指標，就足以增加您多空判讀的能力。請看圖 6-14，這是圖 6-13 同一檔股票（橘子）、同一張日線圖的股票延伸，從這兩張連續日期的變化，我們便可知道，我們可以運用「價量背離」的概念，來預判未來的走勢。

當股價一直往上衝的時候，量能卻越來越少，這表示燃料不夠了。既然動能缺乏，那麼這條路如何走得遠呢？接下來，在「+」字 K 線（也稱為變盤線）之後，果真再出現一次「價量背離」的相反方向——這一次，可是價格直直落，而量能卻一直爆開來，顯然主力出貨了。主力的「量」是很大的，沒有大量根本出不了貨。而主力不維護股價嗎？主力既然開溜，

圖 6-13 「橘子」（6180）的還原日線圖

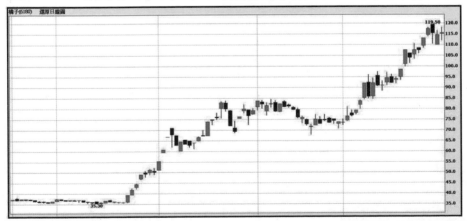

資料來源：XQ 全球贏家

自然遑顧其他，所以這也造成了大跌後的慢慢持穩。可見得「價量背離」確實是股價變化的「先行指標」。股價上漲、成交量縮減，將離高點不遠；股價下跌、量能暴增，足見主力開溜的企圖。如果不懂這個道理，就很難拉高自己的投資勝率。

除了「價量背離」之外，我們還有很多「法寶」可以看出股價的變化，例如從均價的糾結到拉開、從 KD 的黃金交叉或死亡交叉、RSI 的鈍化、MACD 的突破 0 以及各種指標的判讀，都可以和 K 線搭配成為多空判讀的資源和證據。

總之，我們絕不要妄言「只用一條均線」或只憑一個 K 線就下斷語。譁眾取寵、自以為是的老師，是教不好學生的。只有讓學生多擁有「兩把刷子」才能在這個越來越詭譎多變的主力、散戶對決中，尋得防身術、保住資金。

圖 6-14 從股價和量能的指標背離可判斷未來走勢

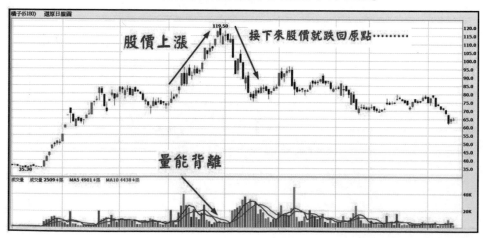

資料來源：XQ 全球贏家

如何觀察「最佳五筆買賣」與 「交易明細」訓練盤感

在總統選舉期間，常常聽到網路上有人提到「帶風向」這個流行詞彙。這是形容某些鄉民企圖製造輿論來左右大部分鄉民的想法。其實，股票中的「最佳五筆的買賣」的掛單，也有「帶風向」的作用。

請看圖 6-15，以「原相」（3227）某一天的「分時走勢圖」為例。紅框之處，左邊的五筆數字包括 58、182、131、96、32，這是買盤掛的單；右邊的五筆數字包括 27、9、20、19、94，這是賣盤的掛單。

換句話說，左邊掛的是「委買的張數」，右邊掛的是「委賣的張數」。

委買賣成交的情況，也可以看出多空雙方的力道誰強誰弱。

內盤成交時，是買單比較弱的現象，因為買方期望的掛價，自然希望能便宜一點，通常在成交價之下，但在下跌時也能支撐股價，代表有人接手。至於外盤成交時，是賣方比較強的現象。表示賣出力道，賣方期望的掛價，自然希望能賣貴一點，通常在成交價之上，但也會成為股價上漲的壓力，代表有人脫手。

一般來說，總委買比總委賣多 2000 張，是多頭力道較佔優勢。股價容易收高。這是指多、空雙方的陣營誰看起來比較雄壯。

不過，根據經驗值，總委買比總委賣的張數多，是指軍容比較漂亮，但是服裝漂亮的兵，未必比較能夠打仗。要看成交結果才有用，這時候，「交易明細」的觀察，就異常重要。筆者極多的成功案例，多半得力於「交

易明細」的觀察判斷。這一部分容後補敘。

先說最佳五筆，為何「軍容威盛」未必代表較勁一定比較有力？那是因為多、空主力大戶的對決，常常「兵不厭詐」。有時代表的是相反的意涵。這是什麼道理呢？

舉例來說，請看圖 6-15，「原相」（3227）為什麼買盤多單多達499 張，而代表空方的賣盤掛單才 169 張，股價為何結果還是「開高走低」呢？當然這是收盤後的掛單而已，所以比較不準。盤中比較好說明。不過，主要真相是：有些主力兩邊掛，他是財力足以成為「控盤主力」的大戶，他就可以這樣做。當他想要把股價殺下來，常常會故意掛一大堆買單在第二筆之後，然後，騰出一個讓散戶誤以為股價到此（第一筆買單處）已有支撐，然後當散戶紛紛搶掛買單，就容易被「意圖下殺」的主力吃掉。相反的，如果主力大戶想要拉抬個股時，有時常常故意在第一筆最佳賣單處掛出大單，以測試賣壓有多大。

所以，這就是「逆向思維」的陷阱！也是實際操作過程中不容易判斷之處。

但是，自從 2020 年 3 月 23 日起，台股實施「逐筆交易」新制之後，獲得了改觀。因為「逐筆交易」就是「隨到即撮合」。因為它成交的速度非常快，如果在第二、第三筆委買賣交易位置「掛假單」，說不定碰上更大咖時，會被「假戲真做」，成交了。那若無留倉付款的資金，很可能會被迫不理想的價位上當沖認賠。

「交易明細」是筆者每天都在盤中關注的項目。玩短線，一定要有看盤的時間，才能從「交易明細」中揣摩出主力的心思：

圖 6-15 「原相」（3227）的「分時走勢圖」

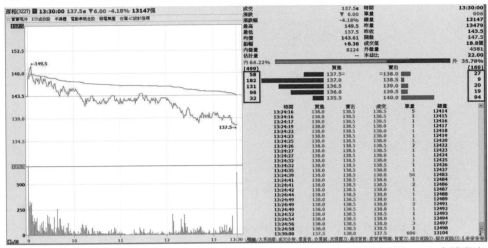

資料來源：XQ 全球贏家

圖 6-16 「鴻海」（2317）的「分時走勢圖」

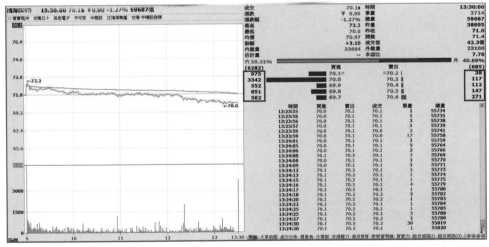

資料來源：XQ 全球贏家

一、交易是內盤成交，還是外盤成交？

成交在內盤，表示空方得分；成交在外盤，表示多方得分。

二、多空雙方出牌的速度如何？

即使每一筆都是一張、兩張，只要快速成交，並且都是外盤成交，表示多方較有自信。反之，亦然。

三、有沒有幾百張以上的大單出現？

這個要看股本大小，才能決定幾百張是大單。因為高價股說不定一張就很貴，那 30 張就算大單了。

四、有沒有立即反擊力量？

軋空意味濃厚的個股，都會在一定位置往上攻，所以他回測時必須守住攻擊發起線，否則表示他沒有絕對必勝的力量。

五、是否在關鍵價位上不再退讓？

關鍵價位是各方堅守的價格，一旦被擊潰，代表已無力再戰。

六、是否在大單出現之後，股價反而走入非預期的方向？

這就是「假單」的供應者，表示心虛、力弱。

七、觀察對敲單的出現是否頻率很高？

對敲單如果出現很頻繁，代表主力做得很短。所以要跟著有賺就跑。

八、揣摩主力的態度是積極或消極？

不斷攻擊，就是勇者勝；以守代攻，就是代表主力成本很低，有意他日再戰，順勢洗盤。

從多空雙方的交易心態、交易明細的真實呈現，都可以研判盤中的多空力道。過去，如果多空若都是大咖，常見有一方在被逼急了的時候，會亮出大單嚇唬對方，但只閃一下並不一直呈現。這往往是代表實力並不雄厚。較強的一方大可趁勝追擊，根據經驗值，多半是虛晃一槍。

圖 6-17 「金像電」(2368）的交易明細，可看出是空方態度較為積極

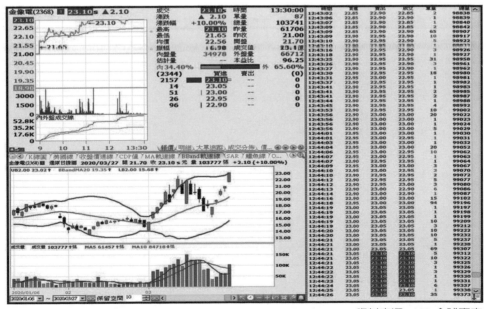

資料來源：XQ 全球贏家

圖 6-18 「宏捷科」(8086) 的交易明細，可看出是空方態度較為積極

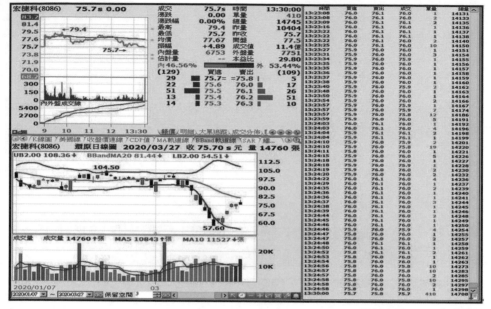

資料來源：XQ 全球贏家

第 **7** 部曲 / 乒乓戰法的多空判斷

野兔原本是一種十分膽怯且小心的動物，缺乏經驗的獵手很難捕獲到它們。

但是，一到下雪天，野兔的末日就到了，因為野兔從來不敢走沒有自己腳印走過的路，當牠從草窩中出來覓食時，總是小心翼翼的、東張西望，一有風吹草動就逃之夭夭。

然而，當牠走過一段路之後，如果發現是安全的，那牠返回草窩時也會按照原路去走。

獵人就是根據野兔的這一特性，只要找到野兔在雪地上留下的腳印，然後做一個機關，第二天早上就可以去收拾獵物了。

兔子的致命缺點，就是太相信自己走過的路了。

📈 乒乓決策，建立在敵我雙方的認知

前述的故事中，野兔就好比股市新手，新手們總是認為按照傳統的投資方法，就是最好的、最安全的。殊不知股市的主力，就好比那獵人，早就摸清楚散戶的心思，而新手卻總是懵懵懂懂，甚至完全缺乏和「主力大戶」之間較勁時的敵我意識。畢竟股市的主力也是投資的過來人，深知一般散戶只是學一招、就用一招，完全不懂得變化──總是按照原路來、按照原路去，一成不變，完全不會相機行事、見風轉舵，於是主力就會像獵人一樣設下陷阱，和散戶逆向而行，輕易就坑殺散戶，而讓自己獲利滿滿。

筆者早已說過，目前的股市是短線盛行的時代，也是主力「群魔亂舞」的時代，主力並不按照一套「老劇本」在演他的戲。這一點，常令只看過

一兩本書就進場的新手在投資時非常錯愕，也一再對所學的東西感到「困惑」。本書在【第四部曲】中，就指出當股價站上布林高軌時，以前是很好的進場時機，可是，現在有時反而容易下跌………還有，股價過前高時，從前確實就是最佳的買進機會，而現在則常常「過關拉回」………這是怎麼回事呢？說實在的，現代主力在誘殺多單時，常常出奇不意，打的總是心理戰、煙霧戰！

更需要注意的是，時代是進步了，你沒有錯，問題是：主力也進步了！現在的技術分析，比起從前那一套，已經有很大的進步。尤其我們對主力的了解，已經有翻天覆地的改變。不只是新手，很多老手一直以為自己很行、懶得學習，所以始終沒有進步。筆者是從傳統的操作氛圍中走過來的，非常了解其中的變化！

速食時代，炒作的主力都吃牢飯去了

請看圖 7-1，「合機」（1618）股票炒作案，是近年我認識新興天王主力「古董張」之前發生的案例，當年「養、套、殺」那一套說法，已經不合潮流了。根據我近距離向當事人求證、了解之後，才發現現在主力都沒有這樣的耐性和你玩「默默吃貨」這種遊戲了！據說，只有「董監改選」、想要借殼上市的有心人或團隊，才可能如此長遠謀畫。

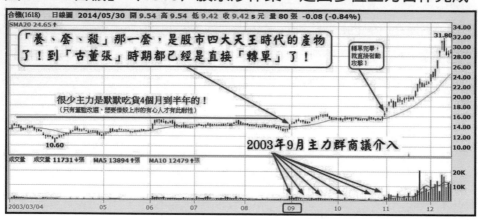

圖 7-1 「合機」（1618）股票炒作案，是由多位主力合作完成

資料來源：XQ 全球贏家

那麼，他們的籌碼哪裡來、往哪裡去呢？名為「鎖單」，其實即是請特定的買盤（法人或金主）幫他們出貨。身為「中間人」的仲介者常有收取佣金情況。他們的轉單仲介，可說包羅萬象，轉單的型式，也還有「開盤市價對轉」、「盤中定價對轉」、「收盤前市價對轉」、「盤後交易」等等，不一而足。現代確實是個「速食」的時代，說句笑話，不僅投資要快、進場要快、賺錢要快、停損也要快，總之，除了「死」不能快以外，什麼都要快。

「合機」（1618）股票炒作案，是由多位主力合作完成，其中也摻雜了公司派的人馬。從當時的日線圖來看，彷彿也有一個長長的「潛伏底」，其實，炒作之前沒人買賣當然沒有量，直到有人開始拉抬股票，潛伏底自然就形成了。事實上，「養、套、殺」那一套，是股市四大天王（雷伯龍、游淮銀、沈慶京與榮安邱）那時代的產物了。到了「古董張」這一代，都是直接從公司派那兒就「轉單」了。哪裡需要等那麼久？

當然，時代不一樣了，早年台股崩盤時，官員曾經和主力一起吃飯，

請求他們出手挽救股市，此一情境也不復存在。自從法人時代來臨，主力開始式微。現今官方在逮獲炒作事證，頂多只會請主力去吃牢飯。

散戶和大戶的關係，老實說，是零合遊戲中的敵我雙方。由於現今主力的技術升級，我們也要努力成為散戶中的高手，才能面對越來越險峻的戰役。而想成為股票高手，最起碼要擁有兩個必要條件：

一、熟諳技術線型的意義（經驗值為主、靈活運用不拘泥）。

二、深入籌碼研究的細節（強化判斷力、培養敏銳的感官）。

如果只憑一點點 K 線型態的知識來做股票是不夠的，一定還要再搭配籌碼研究、認識「分點」的動態，才能洞悉一檔股票的過去、現在，從而預測未來的可能變局。

我的乒乓哲學，暗合投資邏輯

那麼，筆者的「乒乓戰法」，是從哪裡得到的靈感呢？

這要追溯到我的上一代。家父是一位歷史學教授，業餘曾經擔任過屢獲乒乓球賽冠軍的「合作金庫」隊教練，所以從小我也就耳濡目染，喜愛乒乓球運動。據我長期的觀察，這種乒乓運動是有規律和技巧的，基本上它離不開「速度」、「旋轉」、「力量」、「落點」四大要素。尤其乒乓競賽在對付「發球」、「急攻」、「削搓」、「反擊」的時候要非常靈活，才能神色自若、履險如夷；而我在長期的股票操作中，我也發現到同樣的情境。股票操作在對付「開盤」、「急拉」、「下跌」、「反彈」的時候，也應該有一套反手策略，才會在險象環生中穩操勝券。

　　電影「阿甘正傳」的阿甘，因加入美國桌球隊，後來成為當年第一批訪問中國的美國人。阿甘雖是虛構人物，但該電影卻陳述了當年真實的歷史事件。日本名古屋舉行的第 31 屆世界桌球錦標賽過程中，一位美國桌球選手誤上中國專車，沒想到車上世界單打冠軍的大陸選手「莊則棟」主動和這位老外握手贈禮（杭州織錦），後來球隊雙方藉由各自向自己的國家申請成功，中美終於展開「乒乓外交」，最後促成了毛澤東允諾讓尼克森訪華，而成就了這一段「破冰之旅」，開啓了中美之間的正式建交。這是台灣的一大憾事（導致台美斷交，台灣也退出了聯合國）！

　　不過，值得注意的是，這個傳奇的關鍵人物「莊則棟」在桌壇橫行無阻，也是因為他不僅長於正面攻擊，也發明反面打法，正反抽送，無往不利、稱霸一時。

　　我的乒乓戰法，最主要的特色也是在「正面打法」之外，增添了「反手策略」，因為多、空的判斷，就是市場主要的勝負關鍵。懂得分辨大盤與個股的多空，就為勝利掌握了契機！

　　股市操作除了「反手」交易之外，還涉及「換手」、「離手」、「空手」、「殺手」等等各種戰略。「反手」就是做多有誤，就改做空；一再失敗，就應「放下」、「離手」，退場休息、多看少做；在多空難解、曖昧不明時，不妨「空手」以待適當時機再出手，保住現金應是當務之急。萬一，情況不對、看錯套牢，很多人都會猶豫不決、捨不得認輸，這時就需要有極強的自制能力，勇於壯士斷腕、痛下「殺手」，才不致越賠越多，終致萬劫不復！

　　桌球選手要培養「手感」，才知道何時該防守、何時攻擊；只有摸清球路，才能出神入化。

股票高手要培養「盤感」，才了解何時該做多、何時做空；兼用反手策略，才能百戰百勝。

　　有一次，我從「新浪網」的一個視頻中，看到李娜在 2014 年澳大利亞網球公開賽中制勝的「反手一擊」，落球點非常漂亮，真是出人意料、無懈可擊的技術。李娜精彩的反手一擊，引發了我的靈感，突然想到股票的操盤策略，未嘗不能如此？一般散戶往往由於一些錯誤的觀念而導致一味做多，沒有融資融券的信用交易資格，在操作股票時常束手無策，遂成為多頭逆轉或空頭來襲時的待宰羔羊！當行情逆轉或急殺而下的時候，更只能愣在那兒，眼睜睜地看著股價墜落，然後從失望、失策，來到失敗的結局。2020 年 1 月 30 日台股大跌近 700 點，很多人就是如此被抬出了市場！

　　我常在想，如果股票操作者能在看清多空方向時，反手一擊，也許就發揮李娜那樣令人擊節讚嘆賞的戰績了！

圖 7-2　從籌碼看出散戶總是不知不覺、後知後覺

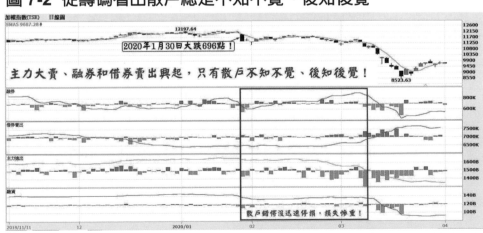

資料來源：XQ 全球贏家

資券操作不是借貸，只是為了操作更靈活

散戶有什麼知識是被誤導的呢？我認為至少有以下幾點：

一、專家常常說，不要借錢來買股票。這話固然沒錯（不要信用膨脹是對的，我也一向主張「投資比例要低」，當然不贊成作自己無力承受的冒險投資），但我說的只是最好也能用融資買股票！其實，沒有融資就意味著沒有融券，也就是沒有使用融資、融券的信用交易資格。但是，沒有信用交易的權限，在行情逆轉時就沒有避險的機會。例如今天你買了一檔股票，結果一個突來的大利空，把股價打得七葷八素，而您也只能一籌莫展，傻眼地看著股價繼續下跌，自己的荷包一直失血……。2016 年 2 月，金管會開放「現股當沖」算是稍微解開了這其中的僵局和矛盾，但也不是每一檔股票都能沖掉。權證，至今亦未開放現股當沖。當股票殺下來時，認購權證往往一瀉千里，資金少的投資人更是一點避險的辦法都沒有！

二、在我的認知中，融資並不算「借錢玩股票」，因為融資資格也要有一點基本經驗和條件，才能辦理。它只是一種投資上的「配合款」而已。在對的時候可以用融資加碼，就可以「以小搏大」。在資金不夠時，也比較好分成幾等份操作。很多專家缺乏和低階投資人的接觸經驗，總以為投資股票的人手上至少都有七、八十萬左右，可以照他的指導，把資金分成若干份（有一位專家說資產配置要分成 12 份）…… 其實根據我長期的教學經驗，以及常和粉絲交流。我深知有些年輕投資人手上甚至只有三、五萬而已，他也一樣擁有「投資致富」的夢想。你如何要他們把資金分成幾等份？如果他能用相當於 2.5 倍的融資資金，或許還可以談得上「分批交易」或「投入幾分之幾」的資金，才能騰出一點現金，以備不時之需。

三、為什麼「融資」是屬於「配合款」而非「借款」？因為所謂「借款」

是沒有錢而取得一筆錢來花掉的「消費」；而「融資」則是錢少的散戶和錢多的機構配合，一起「做生意」（他自己也要出一部分「配合款」投入其中），旨在獲利，而非消費。兩者的意義應該不同。

四、即使在「現股當沖」盛行的當兒，若已買進一檔股票，在股價已有差價時，有信用交易資格的人，可以用融券「鎖單」保住獲利，也不必被結算掉。必要時就形成穩賺不賠的「雙買策略」，然後在操作時，便可以觀察多空何者較強，而適時賣出較弱的一邊。而如果沒有資券資格的人，他買進之後，一旦賣出，就會被「現股當沖」結算掉。萬一突然再有大幅波動，他就賺不到暴利了。

小小的犧牲打，重重的反擊成功

最主要的「乒乓戰術」，就是多空雙向操作，左右開弓、左右逢源！記得我第一次多空雙向操作時，用的是一檔叫做「地球」的股票。

那是 2013 年，有一天開盤前，我有一位股友（接受過知名雜誌採訪過的民間高手）剛好打電話來和我聊聊，話題難免談到各自正在關注的股票，我們彼此分享對方一檔當天自己想要買賣的股票，結果我們分別提到的股票收盤時竟雙雙亮燈漲停！

不過，我可慘了，因為他說的是放空，而我說的是做多！

我為了「共襄盛舉」，也跟著他放空了一張「地球」（1324），沒想到卻被軋到漲停板了。當天我並沒仔細看「地球」的線型，開盤前就掛平盤價預空了一張，果然開盤就立刻空到開盤價 15.2 元，成交了。

他買到我推薦的股票當天就漲停，當然很高興。不過他可沒告訴我他

怎麼處理自己放空卻被軋到漲停的股票。

「地球」這檔股票經我空了之後，不只當天漲停，次日也才下壓到 15 元立刻反彈而上，並且勢如破竹（見圖），不到一個小時，就攻上了漲停板 15.75 元！而且當天再也沒有打開漲停。天啊，又一根漲停！我卻沒停損。

由於只有一張空單，被軋自然沒什麼感覺。但是，卻因而好奇地去看看這檔股票的日線圖（見圖 7-3）。不看還好，一看，嚇了一跳，怎麼會在這樣的線型下放空呢？前一天才突破頸線、創新高，而且這股票橫盤了三個月，突然漲停，絕不會只有一天行情。我的高手朋友是吃錯藥了嗎？

他是巴菲特的信徒，常常向我宣傳「價值投資論」，難怪沒有警覺。因為他是不看「線型」的。

第二天，我準備認賠回補了。可是，竟然開盤又是跳空漲停板。一價

圖 7-3 「地球」(1324) 的日線圖

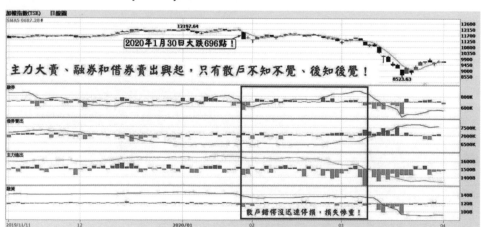

資料來源：XQ 全球贏家

圖 7-4　「地球」（1324）2013 年 7 月 19 日的「分時走勢圖」

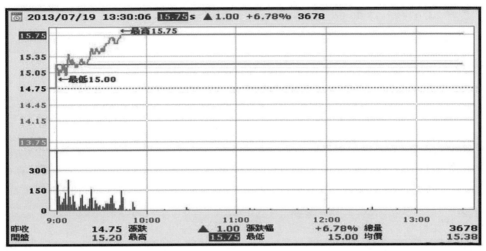

圖 7-5　「地球」（1324）2013 年 7 月 22 日的「分時走勢圖」

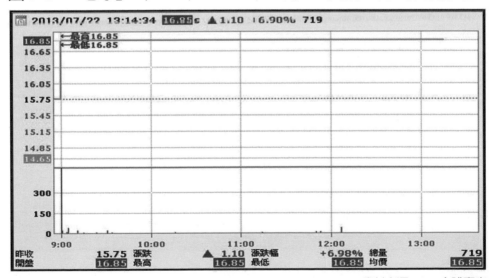

圖 7-6　圖 7-5　「地球」（1324）2013 年 7 月 23 日的「分時走勢圖」

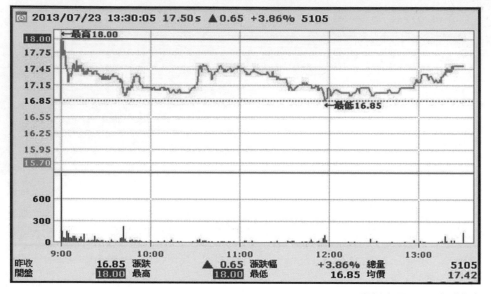

資料來源：XQ 全球贏家

到底，這是「史上最強」的「一字型」漲停板。第三天，又是漲停板！

後來，我是如何解套的呢？

一、我首先第一步是先再加空一張「地球」，成交於 17.95 元（上午 9：01：19 券賣 1 張）。

二、第二步是在上午 9：05：49. 資買 1 張，17.35 元。第一次先券後資的當沖成功了！

三、第三步我把 7 月 19 日被軋的一張空單用「券買」方式認賠了結。

四、第四步是在上午 9：42：19 改採「先資後券」方式，先買一筆 10 張的「地球」，成交價是 17 元。

五、上午 9：51：19 我把這一筆 10 張的股票用同樣數量的融券軋掉，成交價是 17.3 元。這又完成第二回合成功的當沖！

六、第三回合，我已經摸熟了它的股性，於是在上午 11：52：34 又用一筆 30 張買進融資「地球」股票，並且在下午 1 時 18 分 6 秒把它用融券全部軋掉。這是第三次成功的當沖！

不但解套，還把損失加倍奉還！

我在一天之內玩了三趟成功的當沖，總共用了 51 張（1＋10＋10＋30 張）股票當沖所賺的錢去彌補放空一張的損失。您說是賺還是賠？這就是解套！因為毫不含糊的解套方法，就是那被套的股票已經賣掉了、沒有了、解決了、不再讓您煩心，而且用同一種股票去處理盈虧，結果是賺的！對於這張空單的「綑仙索」，我已經像老美對付偷襲珍珠港的小日本給予重擊一般地補回損失了。這就是解套！

解套，並不花時間，重要的是「判斷」！

在這一天中！除了「地球」這檔股票之外，當天我還做了「冠德」一股的當沖，用 44.85 元的價格買進，用漲停板 46.5 元的價格軋掉。游刃

圖 7-7 當年我的買賣成績單還留作紀念

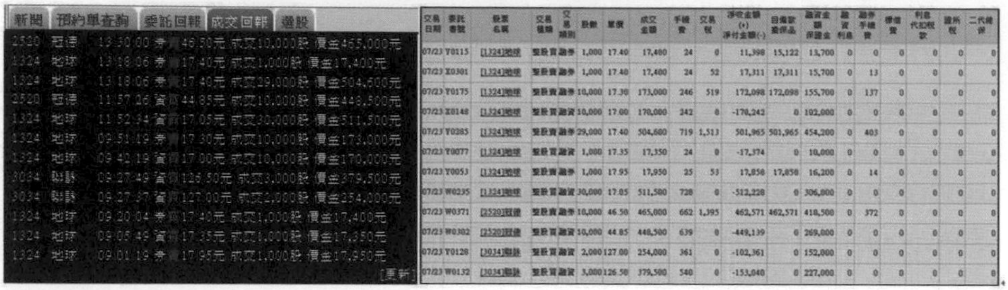

交易日期	委託書號	股票名稱	交易種類	交易類別	股數	單價	成交金額	手續費	交易稅	淨收金額(+)淨付金額(-)	自備款擔保品	融資金額保證金	融資利息	融券手續費	標借費	利息代扣稅款	證所稅	二代健保
07/23	Y0115	[1324]地球	整股賣	融券	1,000	17.40	17,400	24	0	11,398	15,122	13,700	0	0	0	0	0	0
07/23	X0301	[1324]地球	整股賣	融券	1,000	17.40	17,400	24	52	17,311	17,311	15,700	0	13	0	0	0	0
07/23	Y0175	[1324]地球	整股賣	融券	10,000	17.30	173,000	246	519	172,098	172,098	155,700	0	137	0	0	0	0
07/23	X0148	[1324]地球	整股買	融資	10,000	17.00	170,000	242	0	-170,242	0	102,000	0	0	0	0	0	0
07/23	Y0285	[1324]地球	整股賣	融券	29,000	17.40	504,600	719	1,513	501,965	501,965	454,200	0	403	0	0	0	0
07/23	Y0077	[1324]地球	整股買	融資	1,000	17.35	17,350	24	0	-17,374	0	10,000	0	0	0	0	0	0
07/23	Y0053	[1324]地球	整股賣	融券	1,000	17.95	17,950	25	53	17,858	17,858	16,200	0	14	0	0	0	0
07/23	W0235	[1324]地球	整股買	融資	30,000	17.05	511,500	728	0	-512,228	0	306,000	0	0	0	0	0	0
07/23	W0371	[2520]冠德	整股賣	融券	10,000	46.50	465,000	662	1,395	462,571	462,571	418,500	0	372	0	0	0	0
07/23	W0302	[2520]冠德	整股買	融資	10,000	44.85	448,500	639	0	-449,139	0	269,000	0	0	0	0	0	0
07/23	Y0128	[3034]聯詠	整股買	融資	2,000	127.00	254,000	361	0	-102,361	0	152,000	0	0	0	0	0	0
07/23	W0132	[3034]聯詠	整股買	融資	3,000	126.50	379,500	540	0	-153,040	0	227,000	0	0	0	0	0	0

資料來源：XQ 全球贏家

有餘啊！

在此之前，我因為對知交好友「報牌」都績效不錯，所以被出版社編輯號稱「神準天王」並在「作者簡介」中形容我為「他可能是『地球上最懂得股票』的人」，所以經歷這場復仇的戰役之後，我就打趣說：不，我可能是「股票中最懂得『地球』的人」！

隨時修正判斷、臨場靈活運用

在「地球」一役中，我們得到這樣的經驗：籌碼是會變動的，股價也是瞬息萬變。

其實，「地球」之役以後，我就頻頻在「多空雙做」。尤其在反手策略中，我已經不知創造過許多少成功的案例了！由於個人工作忙碌，都沒有特別留存。但我發現這其中學問在於：

一、你對主力多空的態度是否已經摸熟了？如果還不肯定，就別玩反手，否則兩邊挨巴掌。（隔日沖大戶「先殺、後拉、再殺下」的那一招，極容易置追高殺低的人於死地）

二、持股比例要低，手上要有足夠的現金，才會從容自若、游刃有餘。

三、要先試單，然後隨著你對行情的了解，慢慢加重張數，直到看準了趨勢，一筆 50 張壓下來，就能連本帶利、加倍奉還！絕對不要第一筆就 50 張，否則萬一錯了，那你就沒有勇氣再反手下單了。要記得輕重比例，由淺而深，由小而大，由輕而重。

四、如果手上資金已沒有了，而你知道下跌有限，就先「離手」，靜待解套。這時，一動不如一靜。

五、如果手上資金已沒有了，而你發現處於高檔恐怕會有大回檔，那就先「空手」吧！立刻止血，可以避免更大的損失。這時，就要當機立斷速速認賠。小賠可以，絕對不准由小賠演變成大賠！

六、如果這是一檔平常不動的股票，偶然拉高，就不一定要逆向再戰，

因為它可能突然沒量、沒有波動了，再玩這檔也沒意思，那就「換手」，從你有把握看清楚多空方向的股票去賺回來。

七、「豪賭」，是要建立在實力之上的。如果沒有實力（特別是指Money），還是別玩這齣戲吧！

「知過能改，善莫大焉」也適用於股市

從一檔股票的籌碼，本來很容易看出主力布局的結構，但是，近年也慢慢不那麼簡單了。君不見某一檔股票某個「分點」不是連續大買幾千張嗎？

怎麼股價卻不預期的跌了，怎麼回事？只有「道行」更深的高手，才能從籌碼資料看出主力其實已從不同的「分點」把股票分批賣掉了（主力通常不只一個帳戶，甚至還有人頭戶）。可是，你看他的進出分點，卻似乎沒有賣出資料？這也是主力的新手法。

換句話說，主力的籌碼也是有很多詭計的，所以才需要研究。所謂研究，無非就是利用交叉、比對、篩選、淘汰等各種方法，去鑑別主力籌碼的真偽。這中間，當然要很有經驗才容易判斷。

很多新手都不了解主力的心態。他們都習慣把主力視為惟一的。事實上，一檔個股的主力也可能有好多位控盤大戶。何況「籌碼轉換」也是很常見的事。據我所知，主力在連續、大量買進某一檔持股之後，也可能已偷偷賣掉了，而你卻不知道。

他怎麼辦到的呢？所採用的是「匯撥」的手法。簡單地說，這種行動就像匯款一樣，將股票從Ａ戶頭（你所看到的某一個分點）匯到Ｂ戶頭（另

外一個你所不知道的分點），只要在當天下午三點以前到券商填單子，股票隔天就會出現在匯撥過去的 B 戶頭內。這個動作是很簡單而不必另外花錢的。同時，只有少數幾個人知道（他的營業員應該知道）。

因此，主力可以在單一戶頭買進，匯撥到其它戶頭出貨，看起來好像主力都還沒跑，實際上早就已經跑得無影無蹤了，這就是事實的真相這種你可能不曉得的真相，往往讓你預期的走勢產生「質變」。

「知過能改，善莫大焉」也適用於股市。當你發現「情況不對」時，就要臨場應變，才會成為贏家。

以「立碁」（8111）為例，某一天早上剛開盤，我所使用的「XQ 全球贏家」軟體就警示「天價上影線穿低跌破」的訊息。這個意思是說，它在 4 天前的那一根天價有長上影線的黑 K 之後，已跌破了它的低點。

沒錯，軟體警示得很正確。那根天價的黑 K 低點是 13.5（請看圖 7-8），而圖上我打問號的這一天，前一日的收盤也是 13.5，當天開盤雖然也是 13.5，但沒幾秒鐘已觸價到 13.4 了。於是，軟體發出「天價上影線穿低跌破」的訊息，因為已經跌破 13.5，最低來到 13.4 了。這個很合乎我的預期——我預期當天就是會跌。我為什麼原本預期會跌呢？

一、因為它最近的五天的橫盤，斜率是向下的。

二、它的 RSI 已從 90.85% 跌到 77% 左右。

三、法人的籌碼呈現一天買超、一天賣超的局面。而當天應該輪到跌了。

　　結果呢？當天的走勢完全不是這麼回事。主力完全是逆勢操作！請看圖 7-8，猜猜看這一天的 K 線會是如何呢？你絕對沒想到的！開平盤價 13.5，最低只觸價 13.4，就開始趨勢向上，走出了「單邊」行情，最後竟然收漲停板了！

　　請看圖 7-9，這一天不只是「開低走高」，後來甚至還有最高的 17.5 的高價。

　　接著，我們再來檢視它的籌碼，原來那天的行情是由「隔日沖大戶」主導。請看圖 7-10，這是以 60 分鐘的角度來衡量，它的趨勢非常強；再看圖 7-11，這是用 5 分鐘線來檢討，可以發現，它在盤中就把股價拉上漲停了。然而，拉上漲停之後，主力還故意來一個「誘空」的動作，一度出現一根岌岌可危的長黑，但迅即出現「孕抱線」，接著就緩步趨堅地再一路把行情拉上漲停，然後鎖上漲停。在這個過程中，一定有很多「看不順眼」的人想要放空，結果被強勢軋空了！

　　這是隔日沖大戶一次漂亮的「欺敵」行動，他們的逆勢操作帶給我們不少啟示：

　　一、他們的資金非常雄厚。可以幫助看得懂的散戶跟進。

　　二、他們的動作改變了我們選邊站的角度，當天我立刻改變想法，由原本要做空，瞬間變做多。判斷的精準，是決定我們能不能成功的主因。

　　三、操盤不可「鐵齒」，也就是不能自以為是。預設立場，只能是試單之前的策略。一旦戰爭開始，就不能兒戲。

　　四、大趨勢與臨場的應變都同等重要。因為是主力說了算，我們只能

順勢操作。

五、大趨勢可以用 30 分鐘或 60 分鐘線觀察，臨場短線盯盤則用 1 分鐘、5 分鐘線衡量，而我個人獨喜歡使用 3 分鐘線。

六、隔日沖大戶族群出沒時，有時候是以「假外資」身分操弄。好比這一天就是。

圖 7-8 「立碁」（8111）的預測圖

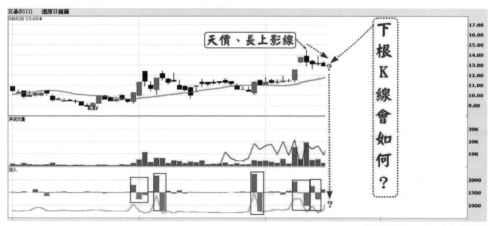

資料來源：XQ 全球贏家

圖 7-9 「立碁」（8111）實際的還原日線圖

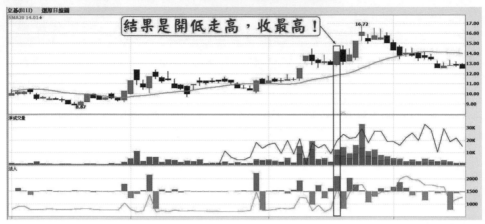

結果是開低走高，收最高！

資料來源：XQ 全球贏家

圖 7-10 這是用 60 分鐘線圖來檢視「立碁」（8111）

收當天最高
14.85

開平盤價
13.5
最低13.4

資料來源：XQ 全球贏家

圖 7-11 這是用 5 分鐘線圖來檢視「立碁」（8111）

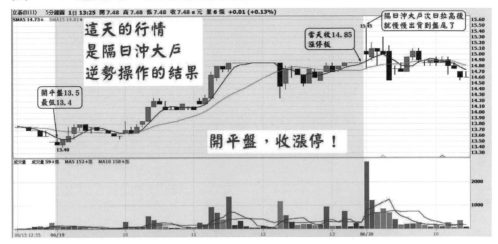

資料來源：XQ 全球贏家

鍛鍊身手，天天都做「半日沖」

有個年輕人買了一隻只會講一句話：「是誰？」的九官鳥。

有一天，年輕人家中的水龍頭壞了，打電話約水電工來修理。水電工未到之前，年輕人又接到電話，女友有急事找他，他一急之下忘了和水電工有約，匆匆地出門去了。

水電工依約來到年輕人家中，按了門鈴，只聽門內回答：「是誰？」

水電工大聲答道：「來修理水電的。」等了半晌，未見到有人前來開門。

水電工再按門鈴，仍是同樣的：「是誰？」

他也同樣回答：「來修理水電的。」仍是沒人應門。

如此折騰了幾次，水電工火大了，伸手轉了轉門把，大門應聲而開，並未鎖上。他走進大廳，只見九官鳥還在叫著：「是誰？」水電工搖頭失笑之餘，索性坐在沙發上等主人回來，不覺有點睏，竟睡著了。

年輕人辦完急事後，想起和水電工有約，立刻匆忙趕回家，見到大門虛掩，以為遭了小偷，焦急地衝進門內，又看見一人靠在沙發生沉睡，立即大喝：「是誰？」

這時，九官鳥竟然回答：「來修理水電的——」

原來九官鳥已經學會水電工這句話了。

根據心理學家的研究，同樣的一件事，只要重複五次至七次，就能夠

在一個人的心中產生相當程度的印象。所以，如果我們對某樣專業知識若想學得好，就必須增加您重複的次數。

我個人對於股市的操作，也一直想要透過不斷地練習，希望能像馬戲團的空中飛人一樣渾然天成，或者巴望能像百步穿楊的神射手一樣神準，他們無不是透過「不斷地重複練習」達到如此高超的境界。

其中，我最常做的練習就是「當沖」。我不僅寫過很多本有關「當沖」的密技，其中最滿意的當然是時報出版公司出版的《神準天王方天龍高勝率 6 大當沖秘笈》，因為這本書曾經得到我所心儀的一位知名操盤手的垂青，他主動約我見面，並且大讚我這本書寫了極多 Detail(細節)，對學習當沖的人幫助很大。

其實，我對於當沖的概念，如今又更上一層樓了。——我發明了「半日沖」。這可說是一種「片斷」的操作法。時間大約在半天內。

請看圖 7-12，這是 2020 年 4 月 1 日的「金像電」（2368），我就做了兩個片斷，也就是我說的「半日沖」。

一、前半場，大約為期 2 個半小時左右。我做的是「先賣後買」的當沖。

二、後半場，大約為期 2 小時左右。我做的是「先買後賣」的當沖。

當然，在前半場的「放空」期間，進行當沖的次數並不只一次，時間有時只經歷幾分鐘就結束。這天我獲得了全勝（即每一次當沖都獲利）的結果，成績單已習慣在「天龍特攻隊」群組裡分享了。群組裡有不少大戶，他們的投資金額都比我大很多，所以獲利情況都非常可觀。

身為教學股票的老師，我貼成績單，實在沒什麼必要，但因為我是版主，多少總要「拋磚引玉」一下。但是，基本上，我不希望群組的高手為了較勁而貼出過分嚇人的成績單。我們的目的只是鼓勵新手，凡願意花時間去研究的人，都會有成。這才是貼成績單的意義。

我就經常特別強調大家貼成績單的旨趣，並不在於比財富，而是在比技術和穩定性。果然有不少群組的好手，幾乎天天都貼出獲勝的成績單，一方面可以激勵別人，一方面又可以鞭策自己（天天貼成績單的人，會有一份榮譽感，不敢再隨便亂做，所以穩定性就很高）。「天龍特攻隊」群組的素質也極高，基本上都沒有酸民在嘲諷願意分享的成員，只有感恩、比讚和誇獎而已。

你想放空，隔日沖大戶也會甩轎

現在就來解說一下，當天我為什麼不一直做多，或一直做空：

一、過去的主力一天都只有一個方向。不是多，就是空。但是，股市並非只有一個主力。有財力影響行情的大戶其實不少，除非是大型股，不過，大型股有時也比較不適合做當沖，因為那就不是一個大戶可以掌控的個股了。

二、一般來說，中小型股比較有波動力，容易有較大的漲幅或跌幅。振幅較大的股票反而是當沖客的最愛。

三、隔日沖大戶的控盤，現在已經歪變，從前很多人以為只要在他們拉漲停的次日「放空」就行了。既然隔日沖大戶次日會出貨，你想放空吃點豆腐也很難了。原因是隔日沖大戶早已知道你想搭轎的心思，所以他們

也會在出貨這一天，伺機軋你的空。

我在七、八年前，就發現有「隔日沖大戶」這麼回事。所以，我可說是最早一批在書中寫到「隔日沖大戶」的作者。當年隔日沖大戶仍很神秘，我因為揭秘之故，也曾遭受他們的外圍份子的干擾與打探。所以，後來我才開始把粉絲建檔管制。不過，此舉也意外讓我和粉絲的關係更進一層了。這麼多年來，我的「建檔讀者」（建檔有案的讀者）常常與我有所互動。

從前我常常主動發「群發信」給讀者，近年因為 LINE 興起，交流速度更快了。所以都鼓勵加入我免費的「天龍特攻隊」群組。

大約在七、八年前，就有讀者寫信給我，信上提到他對「隔日沖大戶」的對策：

方老師好

哈哈，看到老師的回覆，小弟開心的差點睡不著覺了。看到您的鼓勵，小弟原本有些氣餒的心情，著實恢復不少了。

因為，前些天選股實在不理想。雖然，是多看少做，沒啥損失，但盡是不如預料般結果，不禁有種迷失方向的感覺。而且，感覺（錯覺）大盤在上檔盤整，所以也乾脆就空手，打算冷靜個一陣子先。

捫心自問，會僅僅運用一成資金。原因，除了小心謹慎之外，重點恐怕也是因為對自己的選股沒啥信心。

近來，因為看到老師書上提到隔日沖大戶的存在，小弟就忍不住投入相關研究當中。

很快，就發現＊富邦嘉義＊的存在，（看到老師給楊先生的回覆，忍不住也想提一下。），當然也有其他隔日沖大戶，像是統一嘉義、康和台北、國票敦北、統一天母等等，但是根據小弟的觀察，這些大戶都不如前者專業。

（＊富邦嘉義＊感覺就像是一個專業團隊。）

根據這兩個多月來的觀察，大略看出＊富邦嘉義＊的選股方法。

它就只買強勢股的漲停板！而且是大單拉漲停，並且漲停之後，約十幾二十秒內，就放千張大單鎖死。每股運用資金多約為三千萬上下。

選股的先決條件，最常見的就是創三、四個月以來新高，和盤整後創五日新高，突破 SAR 點。

其次，就是 RSI、KD 低檔交叉，寶塔線拉長紅。再其次，就是資券比例、法人進出、市場消息面。

量能方面，五日均線至少 100 張以上，單日成交量至少可以突破 1000 張以上。

既然發現到這麼專業的團隊，小弟也就忍不住想學習一下，又開始觀察它隔天出貨狀況。

發現＊富邦嘉義＊出貨方式，雖然它會依盤勢狀況，改變出貨方式，但是有一套規律的鐵則，出貨點高於平盤以上，低於平盤價，就會視狀況，先出一半，餘下放到隔天再出貨，隔天再低於平盤價，再出一半，餘下隔日再賣。

一般狀況，前十分鐘到半小時，可能是在觀察盤勢，多是按兵不動比較多。

如開盤高於 1% 不到 3%，買盤強勁，就會先造出假大單，製造主力進場跡象，騙到其他散戶進場，股價持續拉抬。

約到 3% 以上，準備開始出貨的時候，就會在低一兩檔的位置，放買進大單，造出假支撐，開始小額出貨，一旦觸及假支撐，立刻就會撤單，改放低一兩檔位置，一直反覆到出貨完，就會全部撤單，股價便會就此一路下跌。

反之，開盤低於平盤以下，就會尋找機會，營造買氣，放出假大單，等拉升到平盤 1% 以上，再開始慢慢出貨。

觀察到這些，小弟就開始在動歪腦筋了。目前想到的方法，有兩種。

一、跟著買漲停板。

嘗試出手了幾次，結果不理想，成功率不高。

買漲停板的技巧，真的比預料中的難上很多，非常考驗經驗與臨場反應，考慮時間就只有十幾二十秒時間，而且時不時還會有大戶拉漲停，結果倒貨的事情發生。

此外，還不是買完就沒事，萬一尾盤沒有鎖死，隔天開盤狀況，八成會下跌，跌到小弟臉都囧了。

也有例子，預計賺個一％就跑，隔天開高 3%，很開心的就賣掉了，結果十秒過後，該股直奔漲停板，鎖死到隔天。小弟臉還是囧了。

二、等第二天跟著券空，或低檔資買。

同樣，嘗試出手了幾次，結果也不理想。

券空，小弟觀察凡是主力出貨的盤勢，股價多會遊走在當日均線以下，因此小弟出手時機，大多會在股價跌破均線才券空，突破上方頸線才回補認賠。

但是，如此一來，又發現兩個麻煩。最重要的麻煩之一、券商沒券啊！麻煩之二、利潤空間很小，有時剛好僅能支付手續費。

低檔資買，因為開盤就低了，當天盤勢就不太好，主力拉高機率也低，因此做了一次之後，小弟就不再考慮隨便買了。（因為現在盤下也可空，當沖也變得方便多了。）

知道方老師事忙，小弟寫了那麼多，就是想請教方老師。

像這種隔日沖作法，小弟是否該繼續研究下去，還是小弟疏忽了些什麼要件？如今，大市場這麼多隔日沖大戶，小弟卻覺得自己好像做不太起來？

諸如以上與我討論的信件很多，我個人在後來的著作中早已有更進一步的剖析。在當年，讀者如此思考並沒有錯，但是這些想法，對於隔日沖大戶來說，現在都是小 Case 了。他們早已有各種對策。

讀者信件中提到的「富邦嘉義」，本該把它改為「✕✕✕✕」等等隱蔽起來，但覺得沒有必要。因現在誰不知道這個著名的「嘉義幫」、「虎尾幫」的寶號呢？其實，後來我們就發現該分點，早已隱身於其他的「分

點」了。有一陣子，我也發現他們改做當沖了。所以在分點資料上常常沒有看到他們的進出，但是，不要用「買賣超」而改用「買賣張數」去查詢就可以看出了。

隔日沖大戶現在的手法，有時只求 1% 獲利就賣出，這你很難跟單；如果你想放空，他們還會在盤中「示弱」然後等你「空」到低點後，就忽然跳出來用力把你軋到「外太空」。所以，就別太迷信他們可以隨便「利用」。你想吃豆腐，恐怕還必須有點「鬥智」的本領。

當然，如果你能夠忘掉他們（當沖客和隔日沖大戶群）的身分，完全憑自己對消息面、技術面：籌碼面的綜合判斷，再加上五筆掛單和「交易明細」去作戰，我覺得那才是真本領，並且也是最可靠的本事！

乒乓要打得好，事前要摸清門道

關於隔日沖大戶的訊息，我們只能自己去揣摩研究。曾經有一位出版社老闆與他們是家鄉人，我一度想要透過他的關係去採訪他們，但側面聽說他們無意把絕活公開。雖然後來出現一位頻頻接受媒體報導的「下一代」，不過，觀察的結果也沒說過什麼獨家的功夫，想來只是為了教學方便而加強知名度吧！

近年我個人對他們的研究報告，多半已在一年兩次的「方天龍講座」中分享了。比較常見的變化是：

一、開盤直接一筆拉上漲停。

──我們從線型的「陡」和拉抬速度的「快」，也能在盤中慢慢窺知。

二、他們選擇介入的股票，不再固定那幾支。

──常常都是某一檔股票首日介入，你很難守株待兔。有些新面孔，就是利用沒有前面日期的進出痕跡，讓你看不出他也是隔日沖大戶。

三、有時也會玩玩沒有融資的現股隔日沖。

──這些股票常常是新股。

四、低檔買進的股票，高檔就當沖掉了。

──這有點像小偷，突然臨時起意做強盜，讓你防不勝防。

五、有人氣的股票，他也會嘗試軋空，連買三天。

——原先計畫隔日沖，臨時變三日沖或四日沖，讓你無法捉摸。

六、先殺後拉（出其不意軋空）再殺出（仍然出貨）。

——有時你會發現多等幾小時，說不定他們就和你的想法、方向變一致，你竟然解套了，真不該太早認賠。

七、由其他隔日沖大戶採「你丟我撿」方式承接。

——大家都有財力作莊，那就今天你拉我殺，改天你再拉再殺，隔日沖大戶彷彿已有默契。

八、老主力發現隔日沖大戶現　，第二天出面拉漲停。

——長線主力讓隔日沖大戶知道厲害、讓他們後悔。不過，依我看，他們反而高興，因為當天必然大賺！

九、有實力的外資或新主力，在第三天開始拉抬。

——連外資也認得他們了，不再老是被吃豆腐。

十、藏身外資的主力越來越多了。

——你會發現怎麼那麼多外資做這麼短線。我想在外資券商開戶大概不難吧！隔日沖大戶越來越有保護色了。

投信連買三天，還券大幅回補

前面說到「金像電」的半日沖，為什麼說前半天我做空、後半天我做多？這就是必須靠篩選從籌碼面先做預判，然後在盤中再加以修正。

　　首先，我發現它所以強勢，是因為營收成長率、淨利成長率，以及 EPS 成長率都很好。所以它容易取得法人的認同。其次，它 2020 年 4 月 1 日是「融券最後回補日（俗稱券補日）。這個資訊很重要。此外，它 2020 年 4 月 6 日被列入注意股票。這些都是必須了解的。

　　接下來，我們還要查一下它的融券情況。原來它 3 月 27 日還有融券 12,050 張。3 月 30 日也仍有 9,638 張。到了 3 月 31 日，它甚至還有 7,751 張，可見放空的人非常頑強，主力於是在 4 月 1 日尾盤也軋上來。盤中也有誘空，我在盤中最重視的是「交易明細」。

　　從「交易明細」可以看出空方有大咖在興風作浪，雖然我們不曉得是不是多方主力的刻意安排（盤後當然可以從籌碼判斷），但隱隱約約可以感受主力在下半場的步步進逼，最後一口氣軋上來了。

　　4 月 1 日盤後來看，連「借券賣出」都一口氣「還券」了 2,188 張。可見這檔投信連買三天（3 月 30 日、3 月 31 日、4 月 1 日）的個股，似乎行情末了。

圖 7-13 「金像電」（2368）的營收成長率大增

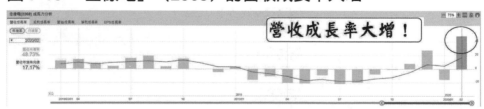

資料來源：XQ 全球贏家

圖 7-14 「金像電」（2368）的淨利成長率上揚

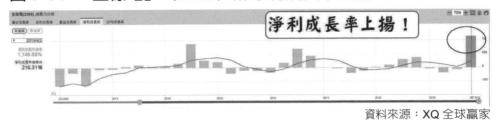

資料來源：XQ 全球贏家

圖 7-15 「金像電」（2368）的 EPS 成長率創新高

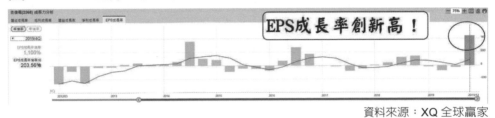

資料來源：XQ 全球贏家

主力心態，決定我們做多、做空、做多久

「凡事豫則立，不豫則廢」，股市征戰，事前對個股的了解非常重要。情報的蒐集越多越容易取勝。但當實際走勢和自己的預期不同時，絕對要尊重市場的變化。

例如以下這一檔「宣德」（5457）就是與我的初衷有不同之處。我就得服從。

當天我今天早上放空一張「宣德」5457（放空的原因是前一天跌破月線），結果被軋了，中午時發現不對，立刻認賠，並反手做多五張，然後獲利賣掉了！

就這一檔來說，結論是賺的，這樣就可以說沒有失敗。

這一招不錯！新手可以學一下。但不要買太多，用一兩張試試看，才不會心慌。試單很重要！

運用訣竅是：在偏空的環境下（當天大盤是「豬隊友」，一直往下走），先放空再做多，不要先做多再放空。這樣成功機率較高。

反手之前，要先觀察清楚（看半小時「交易明細」、分辨多空力道），確認你是做錯邊了才反手，否則容易兩面挨巴掌。

反手策略進行的股票不可戀棧。只要賺超過您賠的金額，就可考慮賣掉（或回補）。以防次日另一方陣營不甘失敗尋求反擊報復。

請看圖 7-16，從「宣德」（5457）的線圖中股價跌破月線等資料，我們往往會有誤判未來的結果。「股價過去的表現，不代表未來。」主力心態，決定我們做多、做空、做多久！凡是昨天以前的股價表現如何都不重要，惟一要看的是今天的走勢，才能證明一切。技術指標的說明，也止於昨日。今天的一切，眼見為信。這是我們看盤的最佳態度。從圖 7-17，我們才發現它的 MACD「慣性改變」了。人都是會變的，股價豈能不變？接著看圖 7-18、圖 7-19，我們連續觀察兩天，可知主力心態是做多的。那麼我們就必須把當沖的心思改做波段。這樣隨機應變，才能乘風破浪向前行！

圖 7-16 「宣德」（5457）的預測圖

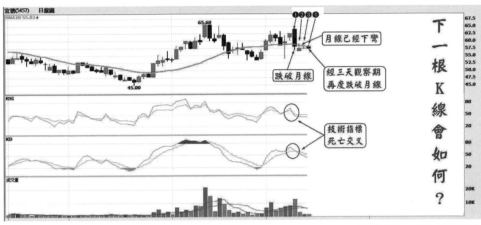

資料來源：XQ 全球贏家

圖 7-17 「宣德」（5457）的日線圖

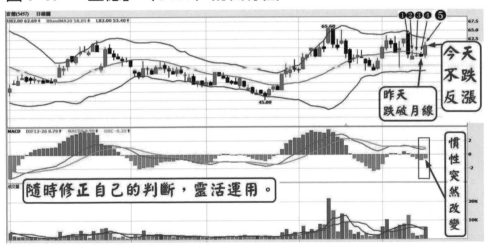

資料來源：XQ 全球贏家

圖 7-18 「宣德」（5457）的主力做多心態濃

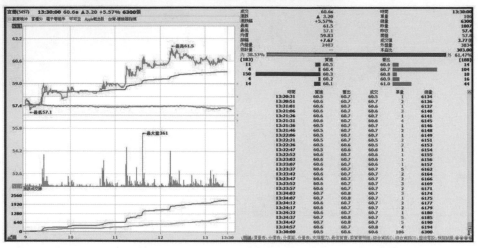

資料來源：XQ 全球贏家

圖 7-19 從「宣德」5457 拉尾盤，可以看出主力志在千里

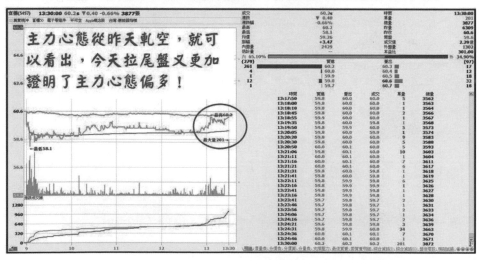

主力心態從昨天軋空，就可以看出，今天拉尾盤又更加證明了主力心態偏多！

資料來源：XQ 全球贏家

第 **8** 部曲 ／ 乒乓戰法的實戰韜略

有一個青年畫家，總是很難把畫賣出去。他看到大畫家阿道夫·門采爾的畫很受歡迎，便登門求教。

他問門采爾：「我畫一幅畫大概都用不到一天的時間，可是，為什麼賣掉它卻要等上整整一年？」

門采爾沉思了一下，對他說：「那麼，倒過來試試！」

青年畫家不解地問：「倒過來？」

門采爾說：「沒錯，倒過來試試！最好你能花上一年的時間去畫。只要功夫深，也許一天就能把畫賣掉。」

「一年才畫一幅，哪會這麼久啊！」年輕人驚訝地叫出聲來。

門采爾嚴肅地說：「創作是艱辛的工作，並沒有捷徑可走。試試看吧，年輕人！」

青年畫家接受了門采爾的忠告，回去以後，苦練基本功力，深入搜集素材，周密構思，用了近一年的工夫才完成一幅畫作，果然，它不到一天就賣掉了。

技術面 + 籌碼面操作法，勝過「落後指標」基本面派

「倒過來試試」這句話，非常合乎邏輯。在過去多年的教學生涯中，我發現很多學習股票的新手，在沒有十分精通技術時就投入股市，常因股市偏空而把資金都賠得精光，於是屢生挫折感。殊不知股市也是可以「倒

過來試試」的。其實您是可以這樣的：

一、改變戰略，與散戶對作。勝率就高出一半。

二、反市場心理操作，不站在大多數的一方，就不會成為輸家。

簡單地說，就是放棄過去的想法，和「自己」對作。——因為過去你那樣操作，不都被證明是錯的嗎？那麼現在就別再「鐵齒」了！從前你是做多賠錢的，現在就做空吧！從前是放空被軋的，現在就做多吧！總之，慣性改變就行了。凡事「窮則變，變則通」。

家父昔日教我打乒乓球時，他都是教我使用正手拍。他對我非常嚴格，不學好一個動作，不教下一個動作。但我學了一段時間之後，就發現老是輸球。因為對手早就看出我只會正手拍，所以總是攻擊我的左側。後來我才知道光是只有單邊的技術，是不足以應付裕如的。經過一段時間的苦練之後，我才敢央求父親教我反手拍。於是，慢慢的，我不論正、反手擊球，都能穩健抽送了。當我再戰時，就能左右開弓、無往不利。

股市也是一樣，雖然大家常常強調「大道至簡」，那只是說，在經過一大段長時間的磨練之後，就能慢慢找到自己簡單的投資模式。但這只是說，能抓到重點而已，卻並非表示，只需要靠一招就能打遍天下無敵手。換句話說，我們不僅要在行情偏多的時候做多，在行情偏空的時候也要會做空才行。這樣才叫做「順勢操作」！順勢的意思，是敏於判斷現在的大盤是多是空，然後配合去做。

乒乓球，要會正手、反手都能輕鬆掌控，才能靈活擊球、左右開弓；股市操作，也要會做多、放空，才能順勢應變、多空雙做。這就是乒乓戰

法的要義。

如果您過去做得不好，現在重整旗鼓的首要步驟，就是停止那些已經做錯的事。同一檔股票，要能做多也能做空。做多能賺一倍，做空也就要能賺一倍。絕不要做一個「死多頭」或「死空頭」的人。思想該轉彎的時候，就要會轉彎！

統計學的原理，果然讓技術面有參考價值

當您了解「多頭市場不做空，空頭市場不做多」的忠告，那麼，接下來的問題就是必須先判斷何者為多頭市場、何者為空頭市場。對於指數來說，當大盤從 1 月 30 日下來，一跌 3,674 點，難道看不出是多是空？

2020 年 3 月 19 日，RSI 都已經跌到 20 以下（當天是 3.51%），從技術面來看，已經有超賣的現象。果然國安基金就宣稱要進場了。所以，基本上做指數（包括做 ETF）是比較容易判斷的。

請看圖 8-1，在國安基金進場的前一天，大盤來到 8523 點，它的 RSI 已經非常低了，當天就留了長長的下影線。從技術面也透漏出消息面的真實。線型有支撐，表示許多內行人已經知道大盤會止跌了。也就是說，技術面其實也常透露出籌碼的訊息，並可走在基本面之前。

但是，個股就不太一樣了。在多、空兩種行情中，我們都一樣可以找到「強勢」族群。好比在暴跌 3000 點期間，哪一種產業仍有賺錢？自然是「防疫概念股」，君不見每天強勢股的排行，不都是毛寶 1732、熱映 3373、恆大 1325、豪展 4735、強生 4747、健亞 4130、泰博 4736………這些股票在漲嗎？

圖 8-1　技術面常透露出籌碼的訊息

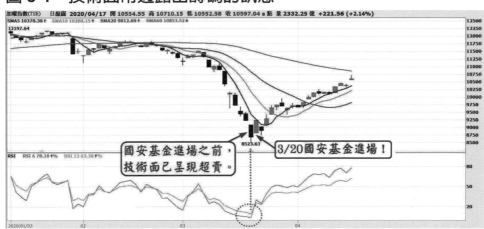

資料來源：XQ 全球贏家

　　然而，這些股票「基本面」好嗎？為什麼不是好公司台積電呢？可見得每一段時節都有它該漲、該跌的個股，我們從技術面、籌碼面的表現，就可以看出「風向」。在這一個過程中，最重要的就是「判斷力」。

　　「基本面」是落後指標，新聞時事的變化，會很快地讓我們從「線型」（K 線型態）看出其中的真相。有了這些資料，我們再加以判斷就快了。當然，基本面派的專家也會說，技術面不也是落後指標？籌碼面不也是會騙人的嗎？

　　沒有錯，技術面也是盤後的數據，只可用以鑑往知來。但它卻是源自一種統計學的根據。例如：國安基金歷來有六次進場救市，經統計在國安基金進場之後的十天內勝率是百分之百。它是經過統計的概念。結果呢？2020 年台股第七次國安基金進場，經過十天後的統計，大盤上漲了 1000 點左右，這不又印證了國安基金進場仍然有用？

　　K 線、趨勢、型態、移動平均線等理論，以及各種技術指標都是有統計學根據的，萬一有假，還有「籌碼面」可以印證。所以技術面＋籌碼面的操作法，絕對勝過「落後指標」的基本面派的功能。這也是筆者幾十年來的體驗所得。

出手前要想清楚，乒乓戰法首重「判斷力」

　　不論基本面、技術面、籌碼面、心理面等等，都有它們的優點，最終目的還是幫助我們做交易前的研判和思考。想清楚之後，才出手交易，就不容易「失手」。

　　舉個例子來說，2020 年 3 月 30 日新聞媒體都公布一個利空消息：

　　裕隆去年大虧 244.65 億元，首度減資彌補虧損

　　裕隆汽車（2201）今日董事會通過 2019 年財務報表案，雖然裕隆汽車個體營業利益新台幣 10.48 億，但因認列合併子公司及轉投資事業的虧損，造成稅後虧損新台幣 244.65 億元，若以股本 157 億計算，每股淨虧 15.58 元，故規劃以減資新台幣 57.29 億元，及動用特別盈餘公積新台幣 151 億元彌補虧損，減資後實收資本額調降至新台幣 100 億元，實收資本額降幅約 36.4%。

　　裕隆的股本才 157 億，去年竟然大賠 244.65 億元，相當於每股淨虧 15.58 元，真的是很可怕的基本面大漏洞。

　　請看圖 8-2、圖 8-3、圖 8-4，從裕隆的營收、毛利率、EPS 的成長率圖表，就可以一葉知秋的看出其成長率衰退情況了。

　　那麼以基本面來看，豈不是應該趕快大賣股票，甚至放空股票了？

圖 8-2 裕隆的營收成長率連續大衰退

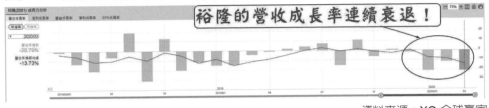

資料來源：XQ 全球贏家

圖 8-3 裕隆的毛利成長率也出現大漏洞

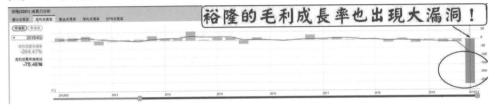

資料來源：XQ 全球贏家

圖 8-4 裕隆的 EPS 成長率非常慘

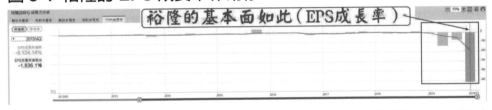

資料來源：XQ 全球贏家

技術 + 籌碼面可以免掉放空的錯誤

　　然而，從技術面派的角度來看，這反而不是可以「放空」的一檔股票！為什麼呢？因為雖然新聞利空如此嚴重，一宣布利空之後，次日（當天停市一天）立刻開跌停、收跌停，但是，跌停價 14.7 元在盤中卻一度被打開，股價一度衝到 15 元，最後才又躺下收跌停。(見圖 8-5)

如果真的是燙手山芋，為什麼股價不是跌停一價到底呢？有些放空的投顧老師還在電視上一直很得意地拿出裕隆的利空消息，來證明他的眼光之正確。我當時就非常不以為然。因為從籌碼面去研究，發現當天投信就買了 1,790 張「裕隆」股票，這是很少見的大量。甚至在清明節連假過後，還總共五天內買了 12,044 張。外資也立刻跟進買了 5,003 張。

其實，別說法人的籌碼已經告訴我們，裕隆這檔股票有人保護。光是從 3 月 31 日當天（跌停日）的籌碼，也可以發現一個特別的分點，一口氣買了 3,956 張。另外兩個分點分別買進 1,762 張、1,335 張。這充分看出「強軋空」的力道。如果不懂得判斷而放空「裕隆」股票，肯定會被軋空了！

圖 8-5 「裕隆」（2201）2020 年 3 月 31 日的分時走勢圖

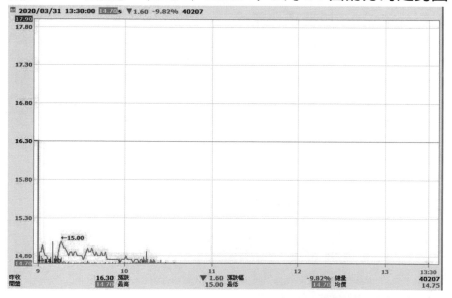

資料來源：XQ 全球贏家

圖 8-6 投信和外資在關鍵時刻大買「裕隆」股票

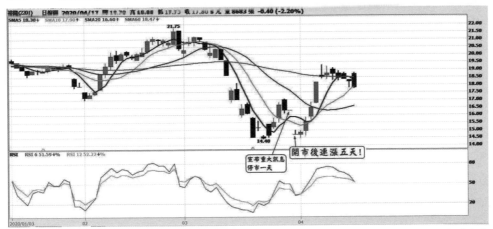

資料來源：XQ 全球贏家

我們看圖 8-7，在裕隆宣布利空消息後，股價卻連續大漲五天。顯然股價和基本面並不一致，還是和技術面、籌碼面的變化較息息相關。

圖 8-7 裕隆在利空消息宣布後卻連續大漲五天

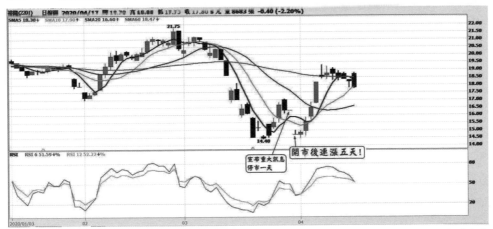

資料來源：XQ 全球贏家

甩掉「豬隊友」，贏在細節

　　裕隆在宣布利空消息後連續大漲五天，這說明了什麼？說明的是「股市多變」。在大漲之後，裕隆從此過著「幸福和快樂的日子」了嗎？當然不，其後又有「獲利回吐」的賣壓出籠了！美國華爾街股市名言：「行情總在絕望中誕生，在半信半疑中成長，在憧憬中成熟，在充滿希望中毀滅！」所以，預測是沒用的，只有「且戰且走」才是務實的作風。這是筆者常常強調的操作策略。

　　股市的「未來」從來都是不確定的。股市中惟一可以確定的，就是「不確定」！那怎麼辦法，惟有學習並磨練您的乒乓戰法。

　　「乒」、「乓」的戰法有以下幾個課題：

　　一、不論大盤或個股，首先要懂得如何判斷多空？

　　二、如何多空雙做，適應短線行情、增加獲利？

　　三、一旦做錯邊，要怎麼修正、解套，反敗為勝？

　　所謂「乒」、「乓」，就是「多」、「空」的互鬥和角力。大盤的氣氛偏多和偏空，是最容易影響當天的行情的。以我喜歡追逐強勢「飆股」來說，常常在盤中會進場買進當天隨機發現的「潛力股」，可是這種強勢上攻的股票，有時我也很怕群組內的粉絲們跟進，因為我很清楚，很多飆股並不適合某些初學的新手。因為新手很少懂得「權變」的。而我們買股票是買「未來」、賭「機率」的。事實上，「未來」並非「過去」的直接延伸──你絕不能假設未來會跟過去一樣穩定發展。它是會變的！甚至是

瞬息萬變！

買飆股，當然很過癮，它的衝勁佳、力道十足，可是，當大盤氣氛不佳的時候，往往也會拉回或和你的想法逆向而行。新手的操作比較沒那麼靈活，往往一天只有「進」或只有「出」的一個動作，就很容易受傷。如果我們只會「乒」而不會「乓」，就打不成乒乓球。股市活動，其實是和乒乓球一樣活潑的遊戲項目。

對「做多」不利的，從前是星期五，常出現「休假前症候群」。現在偶而也會提前到星期四發生。所以，這兩天我通常不太做多的。當然，這只是「經驗值」，並非絕對的。因為有時盤中走得好好的強勢股，也會跟著大盤的急殺而作洗盤式的突然拉回，令人忍不住回頭看一下大盤的走勢，並且喊一聲「豬隊友！」O(∩ _ ∩)O~

碰到這種我們做多、大盤卻朝相反方向下滑時，為了配合「順勢操作」，有時就是必須「多空雙做」。大盤殺，我們也跟著先賣一趟；大盤在拉了，我們就重新再買進。動作雖然多，但是不受傷。

至於細節怎麼做呢？通常是依技術分析的原理，從 K 線的「支撐」、「壓力」，以及「交易明細」多空雙方陣營的力道，進行跟進與退出。說得好聽一點，就像國標舞，與舞伴一前一後，一進一退，舞姿曼妙；說得不好聽的話，真不好意思，散戶原本即是「選邊站」的角色，有點像賭馬，就把你能不能押對寶！

技術面看現象，籌碼面看因果

長年的研究股票，我發現，只要一檔股票漲停板時，所有的技術指標

都不必看了，因為一定都變好了。尤其現今漲停的幅度是 10%，再怎麼不好的線型，也會因而改變。

但是，漲停板的次日一定會好嗎？那可不一定！必須看看這個漲停板是怎麼造成的？從長年的研究，我也發現現今大部分的漲停板，除非有超級利多，否則都是隔日沖大戶拉抬的結果。換句話說，技術線型讓你看到「現象」，惟有探究籌碼，才會發現「因果關係」，從而了解整個故事的「劇情」。

請看圖 8-8，我們以「合勤控」(3704）為例來作說明。當一檔股票漲停板時，所有的技術指標，包括 MACD、RSI、KD、寶塔線………等等，都會變得非常漂亮。看到這樣的線型，您是不是很想跟進？隔日沖大戶就是利用這種「同理心」，在今天買漲停，明日賣給想要追股票的散戶。

可惜的是，「隔日沖」這一招現在已漸漸不靈了，原因是：

一、很多外資也能從籌碼看出隔日沖大戶的拉抬行為（今天買、明天賣），長線大戶有時乾脆就放任次日「不買」，看他們怎麼出股票？不修理隔日沖大戶已經不錯了，我還曾作過研究，發現曾有長線大戶故意賣出 3000 張股票，讓這些隔日沖大戶慘賠！

二、現在很多教股票當沖的老師，也喜歡強調「反市場操作」。所以為數不少的當沖散戶也開始集體在隔日沖大戶買股的次日放空。

三、技術派的高手也懂得在漲停板的次日不追股票。

隔日沖大戶以往都是獲利飽飽、無往不利的，現在可得面對拉漲停次日沒有「買盤」時的窘境。我們看圖 8-9，這就是隔日沖大戶 2020 年 4

月8日多頭馬車、一起拉抬股價到漲停板的「分時走勢圖」。再看圖8-10，2020 年 4 月 9 日，正是我說的「星期四的周休二日提前賣壓」，造成許多強勢股的「開高走低」。而「合勤控」(3704) 當天更是雪上加霜，因為 4 月 8 日它是漲停收盤，由隔日沖大戶拉抬而成。次日（4 月 9 日）卻是買氣極衰，加上各路隔日沖大戶都等著出貨，一時之間就沒有高點了，甚至是甫一開盤就爭相賣出！當天盤後，我們從籌碼就可以看出大部分隔日沖大戶都是賠錢出場的。

股市人口來自四面八方，散戶本來就無法團結。至於大戶，如今常業的隔日沖大戶太多了，所以他們也無法團結，當「合勤控」出現殺盤時，大家都只能爭相奪門而出，自然無法維持股價於不墜，賺錢更難於登天。

這樣一來，大家都公平了，乒乓戰法就是人人要有一套判讀「多空」的本領，不再是富人用資金炒作、予取予求的世界。過去，大戶一買 500 張，股價就上來；一賣 500 張，股價就下去。大戶永遠不需要技術活，只要資金夠就行。現在可是大戶、散戶人人平等了。因為 A 大戶有大資金，可以把股價拉上來，B 大戶也有大資金可以把股價打下來。那麼會漲、會跌，就不一定誰說了算！是吧？

圖 8-8 「合勤控」3704 漲停時的技術指標

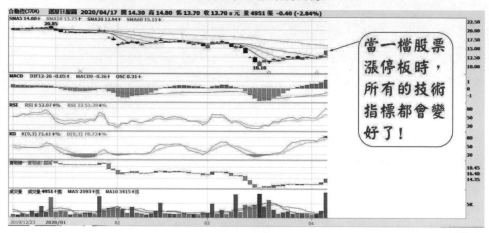

資料來源：XQ 全球贏家

8-9 「合勤控」(3704）這天的漲停，是由隔日沖大戶拉抬的結果

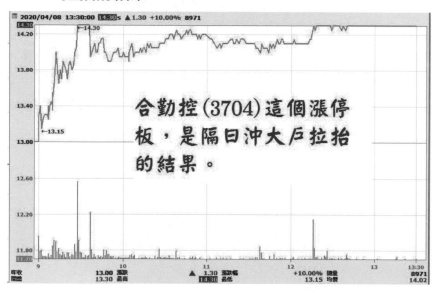

資料來源：XQ 全球贏家

圖 8-10　加權指數在 4 月 9 日是跌的

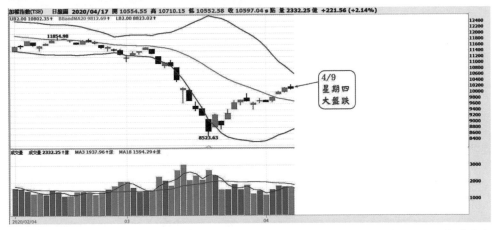

資料來源：XQ 全球贏家

圖 8-11　隔日沖大戶是造成次日股價轉弱的主因

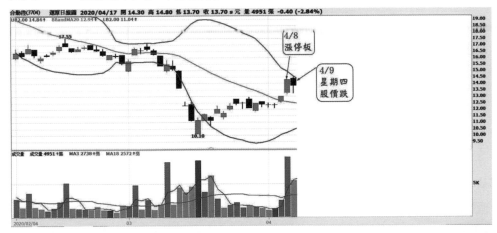

資料來源：XQ 全球贏家

股價走勢變化，多半事出有因

筹碼面，可說是技術線型變化的「因」；技術面，可說是股市人物操作行為的「果」。我在 4 月 8 日當天是如何在盤中就看出「合勤控」(3704）是隔日沖大戶買進造成漲停板呢？

現在，我就來分析一下「合勤控」(3704）在隔日沖大戶前後兩天操作的因果關係。

一、請看圖 8-9，這種「分時走勢圖」就是隔日沖大戶的傑作。因為線型太陡了。隔日沖大戶拉得這麼急、這麼快，分明就是不想讓你跟上。因為他是用市價（漲停板）買的，如果你買的價格比他低，那他明天如何和你競爭？所以，他巴不得你不要買，最好明天才賣給你！

二、這一天的漲停板開開關關，就註定第二天有很大的賣壓。根據我長期的研究，凡是漲停板開開關關的次日，股價的命運都不好。只有早早拉上漲停，並且一價到底（到收盤前都未打開過），才有「惜售」的意涵。

三、為什麼會開開關關？這表示大戶也不是很團結。這是一種「多頭馬車」的現象。有大戶要做隔日沖，也有大戶要做當沖。如果大股東見量大，說不定也會趁機倒一下股票，因為平常量小，他想調節一部分股票，恐怕還不容易。

以下圖 8-12，便是「合勤控」(3704）在 2020 年 4 月 8 日（右）和 4 月 9 日（左）的「分時走勢圖」。

圖8-12 「合勤控」(3704)在2020年4月8日和4月9日的「分時走勢圖」

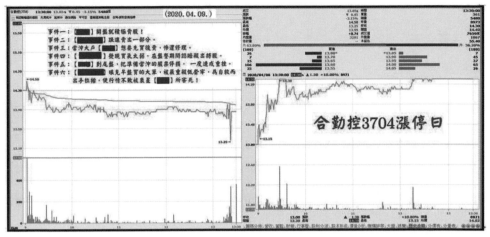

籌碼研究，讓一切過程攤在陽光下

仔細作盤後作籌碼研究之後，我就把整個「劇情」了然於心了。台股的優點就在「資訊透明」。只要肯用功，你就可把一檔股票的來龍去脈、完整故事全盤掌握。

以下是「合勤控」(3704)在2020年4月9日，也就是漲停次日發生的六個事件：

事件一：隔日沖大戶【A 大戶】開盤就積極賣股！

事件二：隔日沖大戶【B 大戶】跟進賣出一部分。

事件三：當沖大戶【C 大戶】想要先買後賣，沒想到一點沒有買氣，於是當沖失敗了，等於慘遭修理。

事件四：隔日沖大戶【B 大戶】發現買氣太弱，在盤整期間毅然認賠殺出持股。

事件五：當沖大戶【C 大戶】到尾盤，把準備當沖的股票停損，一度造成重挫。

事件六：【D 大戶】眼見早盤買的大單，被嚴重殺低套牢，為自救而出手拉抬，使行情不致被當沖大戶【C 大戶】所害死！

為了表示筆者沒有「擋人財路」的意思，所以把大戶的「分點」資料隱去。若有得罪，還望諒解。我只是就籌碼來加以研究，該知道的，別人也會知道；不該知道的，也沒有留下任何寶號。

至於什麼叫做「券商分點」呢？股市新手可能不十分清楚。是這樣的：我們做股票交易之前，都必須先在證券公司的某個分點（例如××證券公司的××分公司）開戶後，才能開始買賣股票，所以每買賣一次，交易所都可以追蹤到我們之中的任何人，是在什麼券商的分點買進或賣出。這種資料已經可以詳細到在哪一天的哪一檔股票、什麼價位，以及在哪一個券商分點買進（或賣出）多少張股票。不論大股東、小股東、大戶、散戶，都一樣。

這就是台股資訊透明的現況。所以我們散戶只要肯用功，都能好好做到「籌碼研究」。特別是大戶買賣股票「量」特別大，就更容易被看出其買賣進出，是某某「分點」。這也使得大戶的操作行為無所遁形。

請看圖 8-13，當沖大戶在「交易明細」的價位、成交量、時間點等等的比對之下，也很容易被看出他操作某一檔股票的思維。我們不是常常想

學習「主力的思維」嗎？就是從籌碼去了解。市場

　　例如某一位當沖大戶，他一開盤就買進大量股票，以為隔日沖大戶總會「拉高」再「出貨」吧，那麼他便可以吃一頓豆腐。沒想到隔日沖大戶竟然是在平盤附近就開始賣下來，導致當天完全沒有買氣。他拖到最後，終於在下午 1 時 22 分開始砍自己的股票（先買後賣做當沖）。由於他的量大，怕到最後一筆才賣會賣不到，沒想到他幾筆賣單就把股價殺下一大截了！這就是我說的「事件五」。

　　「合勤控」經這位當沖大戶的流血殺出的結果，股價慘烈地畫出一道長黑。幸好另外一位大戶（他早盤也大量買進，但他不想做當沖，看樣子是想留倉）及時在此加碼攤平，總算把股價又拉了上來。這位多頭大戶也

圖 8-13 當沖大戶在尾盤認賠殺出同一天買進的股票

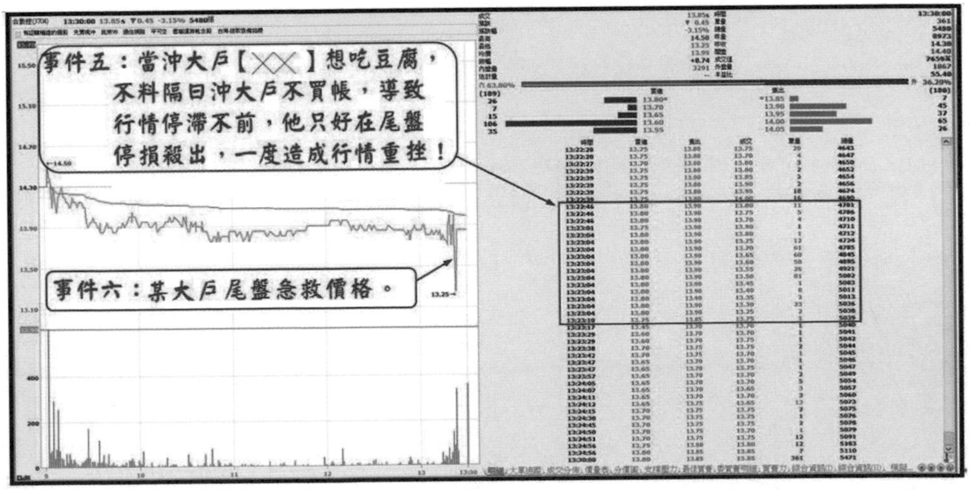

資料來源：XQ 全球贏家

是一種自救的行為，因為他早盤也已經大買，不希望被套得太深。

接下來，請看圖 8-14，這是多方陣營和空方陣營的買超和賣超排行榜。我們從其中的資料再點進去，可以查到更細的資料，例如某大戶買什麼價位的股票幾張、什麼價位的股票幾張，資料非常詳細。

從兩天的價位，我可以判斷出所有大戶的買賣究竟是賺還是賠。現在就拋開「退佣」不談，這些隔日沖大戶可多半是慘賠的！

最後，我要說的是，4 月 9 日當天多方陣營的大戶，雖然被套住了（均買價 14.1，收 13.85）但經過數日的乒乓戰法，他有攤平，也有加碼。總之，又買又賣，到 4 月 17 日就把此一波段的「合勤控」股票一役結束了。如果加上退佣，他也是一個波段操作的贏家了！

圖 8-14　檢討「合勤控」4 月 9 日大戶的戰績

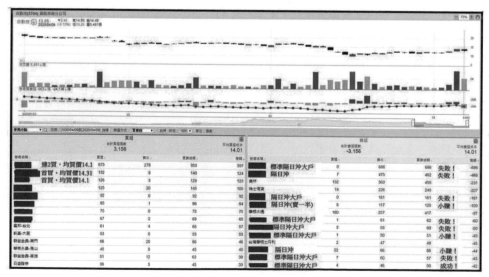

資料來源：XQ 全球贏家

買賣點的抉擇，要注意位階

我曾經在一次「方天龍講座」中提到乒乓戰法，但因工作忙碌，始終沒有特別加以詳細說明。一位粉絲來信催促我再加強調。這也是本書寫作的原始用意：

方老師：

不知不覺，在老師的指導下，已經三年多了。雖然10多年的股市資歷，卻只有這幾年是真正起飛的階段，這種感受很難以形容，總之，謝謝老師！老師不僅是我的偶像，也是我的貴人。若不是因為買書，也沒有機會認識老師。現在我總算對股市有比我同事更高一籌的功力，這是我最開心的事。股市獲利，也使我已實現買房的初衷。感謝老師無私的教導。聽過這麼多老師的課，我只有聽得懂老師的解說。因為老師長於分析，總是用視覺化的圖例作說明，讓我一聽就懂。誠如老師說的「股市知識要能融會貫通才有用」。我老婆在外面也聽過不少課，可是到現在和我比起來還是差了那麼一截。哈哈

老師上次在講座中提及乒乓戰法，可否請老師在寫書時也能用實例解說一下如何決定買賣點？我覺得這是最重要的。有時候，老師的選股非常高明，可是我想偷偷跟進卻沒做好。我想問題應該是出在不知何時進場及出場………

正反拍都會用，就學會避險

這位粉絲說的沒錯，再差的股都有讓您賺錢的機會，關鍵是看介入的

時機是否恰當。選股不如選時。買得早，不如買得巧！何時買賣股票，遠比買賣什麼股票來得重要。最好的時刻，都有賠錢的股票；最差的時機，仍有可以賺錢的股票。

乒乓戰法的可貴是在於「修正」。因為我們有時會對停利、停損有不同的看法。其實，真正「對」的方式，是不要想買在最低點，而是要買在安全點；不要想賣在最高點，而是要賣在容易出貨的高點，這才是主力的操作模式。

其次，股價創新高，支撐點也要向上墊高。這就是乒乓戰法「買賣點靈活變化」的操作策略。如果時機對了，買進要迅速果決！寧可多添幾毛錢，買進會漲的股票，而不為貪圖幾毛錢，買進不太會動的大牛股。

進一步來說，買賣點應靈活變化，「漲時不言頂，跌時不言底」，換句話說，漲時看支撐，不必理會壓力。「長紅暴量」低點是支撐，支撐不破，就緩步上漲；跌破支撐變壓力→產生賣點。「長黑暴量」高點是壓力，壓力突破變支撐→產生買點。

我記得有一檔飆股，令我印象最深。那就是 2017 年 8 月 23 日開始起漲的「橘子」(6180)。但是拉遠來看，這一天就形成一個「盤整」型態的「潛伏底」(見圖 8-16)。可是拉近之後，卻像是有高山，也有丘陵，還有沼澤似的。請看圖 8-15，這圖中的 ❶、❷、❸ 都是賣出點 (或放空點)。可是哪一個點位比較安全可靠呢？當然是 ❶，因為那個點位比較高，安全度相對較高。而 ❷、❸、❹ 已經接近盤整狀態了，隨時都有可能由空變多，只要突破該區間的最高點，就會噴出！所以，基於位階的因素，我們放空的時機選擇就不能太低。同時，已經在進行盤整，也就是線型開始糾結了，就要反過來思考，看它的斜率是向上還是向下？

圖 8-15　「橘子」在大漲之前的均線死亡交叉

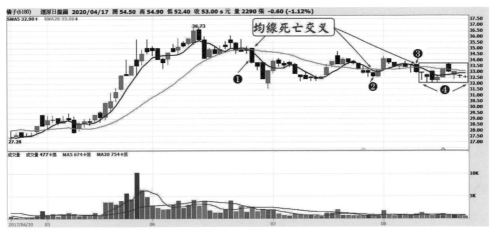

資料來源：XQ 全球贏家

圖 8-16　接續圖 8-15，「橘子」盤整不久之後，就由死亡交叉變黃金交叉

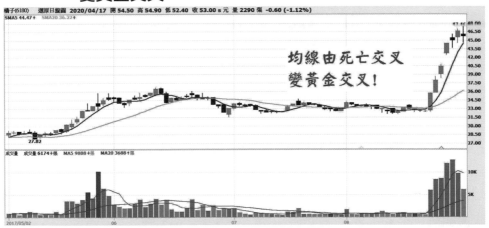

資料來源：XQ 全球贏家

圖 8-17 「橘子」在大多頭行情的型態中

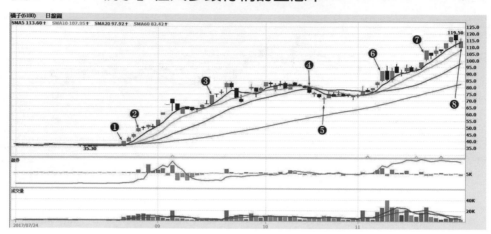

資料來源：XQ 全球贏家

多頭排列，就是加碼點

從圖 8-17，我們就可以發現「橘子」（6180）有這麼一段大多頭行情。這張日線圖，也是接續圖 8-15 和圖 8-16 的同一檔股票。❶ 正是令我當年印象深刻的起漲點（我就在 2017 年 8 月 23 日這一天選出這一檔飆股，所以日期到現在都會背了）。

在這個日線圖中，我特別增加一個「融券」的副圖。從融券集中、股價卻不跌反漲，說明它正是一檔考驗判斷力的好實例。這正是「軋空」的經典之作！如果不懂得適時「修正」而一味做空，那就表示還不會看何時是買賣點。因為如果你能從 ❶ 的起漲點能抱到尾 (119.5 的高點)，就算是小發財的大波段了！

首先，能在 ❶ 介入，當然是最好。但前文說過，這是日線圖拉遠來看的。拉近之後，前面的線型可不是如此平坦、方便辨認是「潛伏底」。

那麼我們該何時勇於介入？我認為可以在 ❷ 的位置介入，因為那一

天已經是四線多頭排列了！

多頭排列，通常意味著「左低、右高」，前程沒有「左邊的壓力」，只要有大戶拉抬（或稱為炒作），行情就一直向上發展。

其次，到 ❸ 這一天，可以加碼。因為「做對可以加碼，做錯不可攤平」是股市的金律之一。

直到 ❹ 這一天，我認為是一個賣點，理由是股價已經跌掉三線（5、10、20 日均線）糾結區了。可以先賣一半，留一半。萬一股價下來，覺得還有潛力的話，便可再重新買進這賣出的一半。

❺ 正是可以重新買進的一天。它留了長下影線（比上影線更長），表示股價有支撐。另一個理由是斜率依然向上。

到 ❻ 這個位置，又是一個可以加碼的時機，因為它再度呈現四線多頭排列。❼ 跳空上漲，一樣是可以繼續加碼。

❽ 是可能的結束行情之所在，因為它已經跌破前一根黑 K 棒的低點了。前面這一根 K 棒是屬於在高檔的「吊人線」。股價很可能就像明崇禎帝在煤山「吊死」在一棵樹上一樣。我們的做法也是先賣一半，如果再隔一天仍繼續開低走低，就全數出清！

操作股票就是這樣。先要有各種 K 線的基礎知識，然後在操作的過程中，要懂得分辨多、空，「買賣點」要有所規畫。上漲時不必看「壓力」在哪裡，只要注意股價有沒有支撐即可；相反的，股價在下跌的過程中，也不必預設立場，不必看「支撐」，只要注意「壓力」即可。

能正能反，宜多宜空，就線論線、且戰且走，即是本書乒乓戰法最終的旨意。

識財經 23

神準天王方天龍的乒乓戰術

找出精準買賣點，讓你判讀零失誤，多空兩頭輕鬆賺

作　　者—方天龍
視覺設計—徐思文
主　　編—林憶純
行銷企劃—許文薰

第五編輯部總監—梁芳春
董 事 長－趙政岷
出 版 者－時報文化出版企業股份有限公司
　　　　　108019 台北市和平西路三段 240 號 7 樓
　　　　　發行專線－（02）2306-6842
　　　　　讀者服務專線－ 0800-231-705 ‧ (02)2304-7103
　　　　　讀者服務傳真－ (02)2304-6858
　　　　　郵撥－ 19344724　時報文化出版公司
　　　　　信箱－ 10899 台北華江橋郵局第 99 信箱
時報悅讀網－ www.readingtimes.com.tw
電子郵箱— yoho@readingtimes.com.tw
法律顧問－理律法律事務所 陳長文律師、李念祖律師
印　　刷－勁達印刷有限公司
初版一刷－ 2020 年 5 月 29 日
定　　價－新台幣 420 元
　　（缺頁或破損的書，請寄回更換）

神準天王方天龍的乒乓戰術：找出精準買
賣點，讓你判讀零失誤，多空兩頭輕鬆賺
/ 方天龍作 . -- 初版 . — 臺北市：時報
文化，2020.05
　248 面；17*23 公分
　ISBN 978-957-13-8193-0（平裝）
　1.股票投資 2.投資技術 3.投資分析
563.53　　　　　　　　　　　109005359

ISBN 978-957-1381-93-0
Printed in Taiwan